はじめに

情報リテラシー

リテラシー（Literacy）と聞いて思い浮かべるのはどのようなことであろうか．原義では読み書きの能力のことを指す言葉であるが，そこから転じて「ある分野における基礎的な知識や技術等」を指す言葉として使用することが多い．現代は情報化社会と言われはじめて久しいが，情報化社会を支えているのは情報分野における基礎的な知識や技術等，すなわち情報リテラシーである．

残念なことに，日本においては，特定の組織における情報システムの利用方法という位置づけであることも多く，大学でも単純にメーラ等のシステムの使い方を教えることに注力することも多いが，国際的にはもっと広い意味を持つものである．

例えば，2000 年に北米の大学研究図書館協会（Association of College and Research Library, ACRL）によって策定された「高等教育のための情報リテラシー能力基準」では，情報リテラシーは「情報を理解し，見つけ出し，評価して，利用するための知的枠組み（an intellectual framework for understanding, finding, evaluating, and using information[1]）」であると定義している．また，高等教育における情報リテラシーの能力基準として，情報リテラシーを身に着けた学生が次のような能力を持っていると定義している（訳は著者による）．

- The information literate student defines and articulates the need for information. （情報リテラシーのある学生は，情報の必要性を定義し，明確に表現する．）

- The information literate student accesses needed information effectively and efficiently. （情報リテラシーのある学生は，必要な情報に効果的かつ効率的にアクセスする．）

- The information literate student evaluates information and its sources critically and incorporates selected information into his or her knowl-

edge base and value system. （情報リテラシーのある学生は，情報と
その出典を批判的に評価し，選択した情報を自分の知識基盤や価値体系
に組み込む.）

- The information literate student, individually or as a member of a group, uses information effectively to accomplish a specific purpose. （情報リテラシーのある学生は，個人またはグループの一員として，特定の目的を達成するために情報を効果的に使用する.）

- The information literate student understands many of the economic, legal, and social issues surrounding the use of information and accesses and uses information ethically and legally. （情報リテラシーのある学生は，情報の使用に関する多くの経済的，法的，および社会的問題を理解し，情報に倫理的かつ合法的にアクセスし、使用する.）

その他にも定義が存在するが，総じて多くの情報の中から必要な情報を探し
出し，精査し，活用する能力を情報リテラシーと定義している.

ディジタル社会におけるリテラシー

世の中を生き抜くためのスキルは時代とともに変化する．昔の「読み・書き・
そろばん」は今でも重要なスキルかもしれないが，現代社会は多くのディジタ
ル技術によって支えられていることから，それらを上手に使いこなす力も必須
スキルになりつつあると考えることもできる.

実際，2019 年 6 月 21 日に閣議決定された「統合イノベーション戦略 2019[2]」
では，「数理・データサイエンス・AI に係る知識・素養が，社会生活の基本的
素養である『読み・書き・そろばん』と同様に極めて重要」とされ，ディジタ
ル社会におけるリテラシーとして位置づけられている.

本書で扱う範囲

上で述べた「統合イノベーション戦略 2019」の決定もあり，今後は読み書き
と同様にデータサイエンスや AI に関する知識も一般的に求められるようにな
る可能性がある．実際，数理・データサイエンス・AI 教育プログラム認定制度
（リテラシーレベル，応用基礎レベル）が創設され [3]，そのモデルカリキュラ

ムも公開されている[4].

本書ではそのモデルカリキュラムうち,「心得」に位置づけられている「3.
データ・AI 利活用における留意事項」に相当する部分を扱う. モデルカリキュ
ラム内で定義されている学習目標は次の通りである.

- 個人情報保護法や EU 一般データ保護規則（GDPR）など, データを取
  り巻く国際的な動きを理解する
- データ・AI を利活用する際に求められるモラルや倫理について理解する
- データ駆動型社会における脅威（リスク）について理解する
- 個人のデータを守るために留意すべき事項を理解する

また,「3. データ・AI 利活用における留意事項」は「3-1. データ・AI を扱
う上での留意事項」と「3-2. データを守る上での留意事項」からなっている.
3-1 ではキーワードとして, ELSI 等があがっており, また 3-2 では, 情報セ
キュリティ, 暗号化等がキーワードとしてあがっている. 本書も基本的にそれ
らに沿った内容としている. ただし, 扱う順番については必ずしもモデルカリ
キュラムと一致しているわけではないため注意してほしい.

本書の目的と対象読者

すでに述べた通り, 本書では AI と情報セキュリティを扱う.「AI」を扱って
いる理由は, さまざまなサービスに AI が取り入れられている昨今の流れを踏
まえ, AI を用いたサービスを安心して利用するための基礎を作ることを目的
の一つとしているからである.

また, AI は利用者側の情報を提供することで, オーダーメイドのようなサー
ビスを簡単に利用できるようになる可能性を秘めている. しかし, 自身の情報
がしっかりと守られる確証がなければ, 安心して情報を提供することはできな
い. そこで, 情報資産を守る「情報セキュリティ」について学び, 少しでも安
心できるサービスを選択できる力を身につけるきっかけとすることをもう一つ
の目的としている.

もしかしたら, AI やデータサイエンスと聞いて, 理系の分野と考える人もい
るかもしれない. しかし, AI を始めとした多くのディジタル技術をベースと
したサービスを利用する側は, 当然ながら理系だけではない. すなわち, そう
いった技術の恩恵による便利な社会を本当の意味で実現するためには, 理系や

文系といった垣根を越えて，全員が情報技術の基礎的知識を身につけ，光の部分も影の部分も把握した上で，便利に，そして安全に利用する必要があると，筆者は考えている．ただし，技術的な内容を隅々まで理解することを目的としているわけではなく，「リテラシーレベル」での理解，および技術的内容の概要把握をすることが目的である．

したがって，本書で想定している読者は，理系や文系は関係なく，これから社会に出て本格的に AI に触れようとする大学生や，AI や情報セキュリティといった技術の基礎を学びたいと思っている人である．本書を読むことによって何か新しい知識を得られることを願っている．ただし，AI にしても情報セキュリティにしても，技術の進化が日進月歩であり，非常にスピード感のある分野である．本書で学んだ内容はあくまでも「入口」と考え，情報をどんどんアップデートしていくことをおすすめする．

2024 年 8 月

福田 龍樹

目　　次

第 1 章　人工知能（AI）技術　　　　　　　　　　　　　　**1**

1.1　AI とは ....　　1

1.2　AI ブームの概要 ....　　3

1.3　ニューロン ....　　4

1.4　ニューラルネットワーク ....　　8

1.5　機械学習 ....　 20

1.6　AI によるサービス ....　 29

1.7　人類のためのツール ....　 46

1.8　まとめ ....　 47

第 2 章　情報セキュリティ概論　　　　　　　　　　　　　**49**

2.1　増え続ける脅威 ....　 49

2.2　脅威の分類 ....　 52

2.3　情報セキュリティの要素 ....　 66

2.4　まとめ ....　 68

第 3 章　暗号化技術　　　　　　　　　　　　　　　　　　**69**

3.1　基礎知識 ....　 69

3.2　暗号化技術の歴史 ....　 71

3.3　古典暗号 ....　 71

3.4　現代暗号（共通鍵暗号方式）.............................　 74

3.5　現代暗号（公開鍵暗号方式）.............................　 83

3.6　ハイブリッド暗号方式（共通鍵暗号と公開鍵暗号）........　 86

3.7　攻撃手法 ....　 86

3.8　まとめ ....　 87

第 4 章 認証技術　　　　　　　　　　　　　　　　　　　　　　　　　88

　4.1　認証の種類 88

　4.2　ハッシュ値 90

　4.3　暗号学的ハッシュ関数 95

　4.4　暗号学的ハッシュ関数の応用 96

　4.5　バイオメトリクス認証 111

　4.6　まとめ 118

第 5 章 暗号資産　　　　　　　　　　　　　　　　　　　　　　　　　119

　5.1　ビットコイン 119

　5.2　ビットコインへの攻撃 125

　5.3　信頼性の担保 128

　5.4　まとめ 129

第 6 章 日常生活における情報セキュリティ　　　　　　　　　　131

　6.1　情報の真偽 131

　6.2　公衆無線 LAN 133

　6.3　まとめ 146

第 7 章 情報インシデント　　　　　　　　　　　　　　　　　　　147

　7.1　情報インシデントの例 147

　7.2　情報インシデント発生時の対応 149

　7.3　まとめ 151

第 8 章 AI に関する演習　　　　　　　　　　　　　　　　　　　　152

　8.1　教師あり学習 152

　8.2　AI を利用したサービス 171

参考文献　　　　　　　　　　　　　　　　　　　　　　　　　　　178

索　　引　　　　　　　　　　　　　　　　　　　　　　　　　　182

1

人工知能（AI）技術

　現代のテクノロジーは，我々の生活やビジネスのあらゆる場面において影響を与えている．その中でも，人工知能（Artificial Intelligence, AI）技術は，目覚ましい発展を遂げ，私たちの日常生活に大きな変化をもたらしている．第1章では，人工知能技術の概要を学んだ後，人工知能がどのように学習するのか，さらにどのようにしてその技術を利用するのかを学ぶ．また，AIは便利な反面，いろいろな倫理的問題も含んでいる．そこで，各種倫理的問題点の解決のための考え方について紹介する．

1.1　AIとは

　この章ではAIについて見ていくが，まずは「そもそもAIとは何か」ということを簡単に述べておく．

1.1.1　AIの定義

　一般的には「自動で人間のように考えたり行動したりするもの」というようなおおまかなイメージがあると思うが，厳密な定義はどのようになっているのか．実は，2024年1月時点でAIを一意に定める厳密な定義は存在しない．もちろん字面的には「人工的な知能」であるが，「知能」自体抽象的なものであるため「人工知能」の定義もまた難しいのである．

　人工知能という言葉自体は1956年のダートマス会議において，アメリカの計算機科学者 John McCarthy が命名したことがはじまりと言われており，比較的新しいものである．その後，さまざまな研究者が人工知能について研究を

行っているが，研究者ごとに異なる人工知能の定義が存在しており，例えば，松尾豊氏は「人工的につくられた人間のような知能，ないしはそれをつくる技術.」と定義していたり，中島秀之氏や武田英明氏は「人工的につくられた，知能を持つ実態.あるいはそれをつくろうとすることによって知能自体を研究する分野である.」と定義していたりする [5].総務省が発行した令和元年版情報通信白書 [6] によれば，「人間の思考プロセスと同じような形で動作するプログラム，あるいは人間が知的と感じる情報処理・技術とった広い概念」とされている.

いずれにしても，統一的な人工知能の定義は存在しない状況であることを理解しておいたほうが良い.それは，例えば「AI」を謳った製品やサービスであっても，実際には単純なプログラムやランダムな動作を行うものも紛れている可能性があり，それはおそらく消費者が期待しているような「AI」ではない可能性があるからである.もちろん消費者がそれを「知的」と感じれば令和元年版情報通信白書による定義上問題はないことも忘れてはならない.

ところで，「コンピュータの父」とも呼ばれるイギリスの数学者 Alan Turing は，チューリングテストと呼ばれるテストを提案している.これは，ある機械が「人間的」であるかどうかを判定するためのテストである.テストは対象となる機械および 2 人の人間（A と B とする）によって行われ，その概要は次の通りである.

1. 1 人の人間を判定者とする（ここでは A と仮定する）.
2. A だけ別室にわかれる.
3. A は，B または機械と会話を行う.
4. 会話は顔や声等の情報が伏せられた状態で，例えばディスプレイに表示される文字のみで行われる.
5. もしも A が会話相手について機械なのか人間なのか区別をつけられなければ機械は「人間的」であるといえる

目安として，機械が「人間である」と判定されるケースが 30% を超えればテストに合格したとみなされることが多い.ただし，チューリングテストは必ずしも完全とは言えず，会話を行う条件・状況等で人間的と判断しやすくなる可能性も指摘されている.

1.2 AI ブームの概要

1950 年に Alan Turing が「機械は考えることができるのか」という問いを投げかけたことから AI の歴史は始まったと考えられている．それに答える形で，1956 年に開かれたダートマス会議では John McCarthy は「人間のように考える機械」を人工知能と名付けている．

その後，1960 年～1970 年代前半は第一次 AI ブームとされ，活発に議論が繰り返されていた．この当時はまだルールベースの推論や探索に過ぎなかった．ルールベースとは，「もし～であれば～をする，そうでなければ～をする」という人間が記述するルールを組み合わせることで動くもののことである．ルールベースは，しっかりとロジックが組み立てられる問題であれば解くことができるため，どちらかというとパズルやゲームなどをプレイする AI として発達した．しかし，複雑な問題に対しては，ルールベースで記述することが困難であるため，トイ・プロブレムと揶揄されることもあり，次第にブームが収束していった．

1980 年代に入ると第二次 AI ブームが起こり，知識ベースのエキスパートシステムが発達した．第一次 AI ブームにおいて主流であったルールベースは，プログラムの実行環境や条件等が変更になった場合にルールの書き換えが必要になるため，頻繁に書き換えることで大きなコストが生じていた．そこで，ルールとは別にデータ（知識）を用意して，データに基づいた条件設定を行う知識ベースの AI へと変化していった．条件が変わった場合はプログラムの再構築は不要で，付随したデータを修正したり追加や削除をしたりすれば良い．それが，専門家の代わりに判断等を行えるエキスパートシステムとして発達していった．例えば医者が患者のさまざまな症状をもとに病名をしぼっていくことを，ルールや知識をもとに AI が行うようなシステムである．しかし，精度を上げたり，複雑な問題に適用しようとすれば，それだけ知識の量が膨大になってしまう．そうなると，知識同士の矛盾が生じる可能性があり，そういう曖昧さに対応することができなかった．また，そもそも膨大な量の知識を人間が記述すること自体も困難であった．そういったことから，第二次 AI ブームも次第に収束を迎えてしまった．

2000 年代後半になると第三次 AI ブームがはじまり，2024 年 1 月現在もまだブームが継続していると思われる．このブームは 2012 年に開催されたコン

ピュータによる物体認識の精度を競う国際コンテスト「ImageNet Large Scale Visual Recognition Challenge 2012(ILSVRC 2012)」においてトロント大学の SuperVision チームが，ディープラーニングと呼ばれる人工知能技術を用いることで他チームに大差をつけて優勝したことや，同じく 2012 年にアメリカの Google がこれもまた同じくディープラーニングを用いることで画像の中から猫を認識したと発表 [7] したことなどが大きなきっかけになったと考えられる．

　第三次 AI ブームがこれまでのブームと大きく異なるのは，人工知能を搭載したコンピュータ（機械）が自ら学習を進めていく点，すなわち機械学習によるものということである．第二次 AI ブームまではあくまで人間が手動でルールや知識を記述していたが，現在主流の AI は学習の仕方をプログラムすることで，あとは AI 自身がデータから学んでいく．それはちょうど人間が生まれた瞬間からまわりの様子を見ながら自ら学んで成長していくことと似ている．これまでのブームの終了は複雑な問題に対応するための人間の労力が不足したことも大きな要因であったが，第三次 AI ブームの場合はその可能性は低そうである（もちろんコンピュータの性能不足や学習用データの準備に必要な労力の問題は依然として残っている）．

1.3　ニューロン

　現在，人工知能として使用されている多くの手法はニューラルネットワークという技術がベースになっている．Google が 2012 年に発表した猫の認識において使用したディープラーニングも，やはりニューラルネットワークがベースとなっている．そして，ニューラルネットワークは人間のニューロン（神経細胞）を模した人工ニューロンによって構成されている．そこで，まずは人間のニューロンについて簡単にまとめておく．

1.3.1　ニューロンの構造

　脳には非常に多くのニューロンがある．ニューロンは神経系の基本的な機能単位であり，情報の伝達や処理を行っている．その構成は図 1.1 のようになっている．

　また，各部分の名称とその簡単な役割を書いておく（少し言葉足らずの説明であるが，ここでは人工知能に関する部分のみに留めている）．

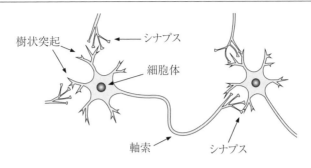

図 1.1 ニューロンの構成

細 胞 体	ニューロンの中心部で，細胞核を含む
樹状突起	他のニューロンからの信号を受け取る
軸　　索	他のニューロンに向けて信号が通る
シナプス	ニューロン同士の信号の伝達が行われる接合部

　人工知能の基盤となる技術の一つのニューラルネットワークは，このニューロンを人工的に模した人工ニューロンがベースになっている．人工ニューロンを実現するには，ニューロンの働きについて理解する必要がある．そこで，次にニューロンの働き，特に信号の伝達について見ていく．

1.3.2　ニューロンにおける信号伝達

　ニューロンがどのようにして信号を伝達するのかを見ていく．ニューロンの膜内外にはナトリウムイオンやカリウムイオンが存在しており，内側と外側のイオン分布の差によって電位差が生じている（膜電位）．ニューロンが活動していない状態での膜電位を静止膜電位と呼ぶ．通常，内側にはカリウムイオンが多く存在し，外側にはナトリウムイオンが多く存在している．それにより，それぞれのイオンに濃度差が生じ，各イオンは濃度差を埋めるように移動しようとする．そのときの通り道をイオンチャネルと呼ぶ．イオンチャネルはエネルギーの消費をせずに移動する場所であり，例えばカリウムイオン漏洩チャネルではカリウムイオンが膜外に出ようとしており，通常時は外へ出ようとする力と内部にとどめようとする力とが釣り合った状態である．このときの膜電位は $-70\,\mathrm{mV}$ 程度であるため，静止膜電位は約 $-70\,\mathrm{mV}$ となる．

6 第1章 人工知能（AI）技術

　ここで，何かの刺激（例えば視覚的な刺激等）のために隣接するニューロンの電位が上昇したとする．その電位上昇によって膜電位が若干プラスの方向に動く．もしも膜電位が閾値（約 $-55\,\mathrm{mV}$）を超えた場合，電位依存性ナトリウムイオンチャネルが開き，ナトリウムイオンが細胞内に入ってくることで一気に膜電位がプラスになる（約 $+50\,\mathrm{mV}$）．これをアクションポテンシャルと呼び，アクションポテンシャルは軸索を伝わっていき，さらに隣のニューロンの膜電位上昇へとつながることにより，信号が伝達されていく．

　電位が急上昇したニューロンは，電位依存性ナトリウムイオンチャネルが閉じ，さらに電位依存性カリウムイオンチャネルが開くことで膜外へカリウムイオンが排出される．これにより膜電位が再び $-70\,\mathrm{mV}$ 程度に落ち着く．これらの電位変化は数ミリ秒単位で変化する．イオンチャネルは一度反応すると，しばらく不活性状態（不応期）になることで，アクションポテンシャルが逆流することを防いでいる．

　ニューロン同士の接合部であるシナプスでは，シナプスの結合の強さや構造が変化する．この機能のことをシナプス可塑性と呼ぶ．例えば，強い刺激が繰り返し発生することでシナプスの結合が強化される長期増強や，弱い刺激が繰り返し発生することでシナプスの結合が弱くなる長期抑制がある．長期増強は，シナプスが効率的に情報を伝達するようになるため，学習や記憶の形成に関与している．また長期抑制は，シナプスの柔軟性につながり，不要な情報や過剰な信号の影響を抑制することができる．これらのシナプス可塑性によって，人間は経験から学習し，環境の変化に対応することができる．

1.3.3　人工ニューロン

　人間の脳内には多数のニューロンが結合したネットワークがあり，その中を電位の上昇という形で信号が伝わっていき，考えたり，判断したり，時には学習したりする．それを考えると，ニューロン（およびそのネットワーク）を人工的に作ることができれば，人間的な思考の実現に一歩近づく可能性がある．そこで，人工的なニューロン，すなわち人工ニューロンが提案された．人工ニューロンは1個以上の入力を受け取り，それをもとに「活性化」するかどうか，すなわち出力をどうするか決定するものである．

　図1.2に人工ニューロンのモデルを示している．左側から届いている矢印が

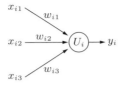

図 1.2 人工ニューロンの基本構造

人工ニューロンへの入力，右側から出ている矢印が人工ニューロンの出力を示す．矢印の向きは入力および出力の信号が進む向きを表し，入力の矢印の始点（根元）の $x_{i1} \sim x_{i3}$ はそれぞれ入力値，出力の矢印の終点（先端）の y_i は出力値を表している．

　また，矢印上に書かれているラベル $w_{i1} \sim w_{i3}$ は「重み」と呼ばれ，矢印の始点から届く値に重みを乗算した値が人工ニューロンへ入力される．重み付けは，1.3.2 項で述べたシナプス可塑性に代わるもので，ニューロン間の結合の強さ，すなわちニューロンにとっての影響の強さに相当する．人工ニューロンへの入力は一つのこともあるし，複数のこともある．複数の入力があったとしても，一つ一つの入力の値を個々に処理するのではなく，全入力の合計 $S_i = \sum_j w_{ij} x_{ij}$ に対して出力 y_i をどうするのかが決定する．出力を決定するときに使われるのが活性化関数であり，代表的なものとしては Sigmoid 関数や ReLU（Rectified Linear Unit）関数がある．それぞれの特性を図 1.3 に示す．横軸がニューロンへの入力 S_i，縦軸がニューロンからの出力 y_i である．

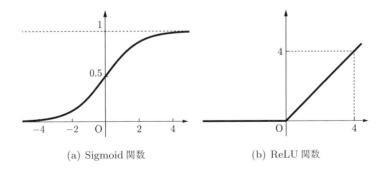

図 1.3 代表的な活性化関数の概形

Sigmoid 関数は $y_i = \dfrac{1}{1+e^{-S_i}}$ の式で出力を計算するため，入力 $S_i < 0$ で出力 $y_i \fallingdotseq 0$，入力 $S_i > 0$ で出力 $y_i \fallingdotseq 1$ となり，入力 $S_i = 0$ 付近で急激に出力が 0 から 1 へ変化するようなグラフとなる．一方，ReLU 関数は $y_i = \max(0, S_i)$ で出力を計算するため，入力 $S_i < 0$ で出力 $y_i = 0$ であり，入力 $S_i \geq 0$ では出力 $y_i = S_i$ となる．

ただし，$S_i = 0$ 付近で出力 y_i を切り替えることが必ずしも適切であるとは限らない．例えば Sigmoid 関数を用いたい場合に，入力値が比較的大きな値ばかり取る場合は，入力値の変化に関わらず基本的に出力が 1 に近くなる．それで良いケースもあるし，困るケースもあるはずである．そのようなケースにも対応するために，通常はバイアス b_i を採用する（図 1.4）．

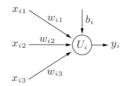

図 1.4 バイアス b_i を考慮した人工ニューロンモデル

バイアスは，そのニューロンが活性化するかどうかの境目（閾値と呼ぶ）のような役割をもっており，バイアスを考慮したときのニューロンへの入力は $S_i = \sum_{j=1}^{k} w_{ij} x_{ij} + b_i$，または重み w_{i0} をバイアス，入力 x_{i0} を常に 1 と考えて，$S_i = \sum_{j=0}^{k} w_{ij} x_{ij}$ とすることで，式を簡略化することもある．

バイアス b_i がある場合，バイアスがないときと比較して活性化関数のグラフを横軸方向に $-b_i$ だけ平行移動させたことと同じであり，例えば ReLU 関数であれば前層のニューロンからの出力値の合計が正か負かで出力値を変えていたが，それを $-b_i$ よりも小さいか大きいかで出力値を変えることと同じである（図 1.5）．

1.4 ニューラルネットワーク

1.3 節では人間の脳がニューロンのネットワークになっていることを述べ，人工的なニューロンの構成について紹介した．次に，人工ニューロンの入力と

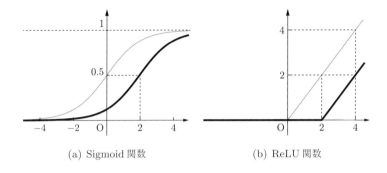

(a) Sigmoid 関数　　　　(b) ReLU 関数

図 1.5　バイアス $b_i = -2$ としたときの活性化関数のグラフ

出力を互いに結合させて作成したネットワーク，すなわち（人工）ニューラルネットワークについて紹介する．

1.4.1　ニューラルネットワークの入出力例

図 1.6 が簡易的なニューラルネットワークの構成である．

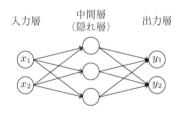

図 1.6　簡易的なニューラルネットワークの構成

通常，縦に並んだニューロンを一つの層と考え，図 1.6 の一番左の縦に並んだニューロンを「入力層」，一番右のニューロンの列を「出力層」，その間に挟まれた層を「中間層」または「隠れ層」と呼ぶ．出力層は 1 個のニューロンで構成されている場合も，複数個のニューロンで構成されている場合もある．また，基本的に層単位で処理が進んでいくという前提があるため，いずれかの信号だけが早く出力層にたどり着くということはないと考える．

初期状態では重みが適切な値であるとは限らないため，ある入力に対して適切な出力をするとは限らない．そこで，所望する出力となるように重みを調整する必要がある．このプロセスを「学習」と呼ぶ．

10   第1章　人工知能（AI）技術

ところで，そもそもニューラルネットワークに対して，何を入力して何を出力するのか，ということを設計段階で考えておかなければならない．例えば，画像を与えると物体の認識をするようなシステムを作るのであれば，入力されるのは画像データであり，出力されるのは認識した物体の名称等である．また，言語のリアルタイム翻訳システムであれば入力されるのは翻訳前の文章で，出力されるのは翻訳後の文章である．ただし，入力も出力も文字データかもしれないし，音声データかもしれないし，あるいは画像データかもしれない．入力や出力は，一律に決まっているわけではなく，作ろうとするシステムによって異なる．

ただし，システムがどのような入力・出力に設定されていたとしても，ニューラルネットワークへの入力は，構成するニューロンへ渡されることになるため，数値でなければならない．出力も同様である．そこで，ニューラルネットワークへ入力するデータの例についていくつか紹介する．

（a）　不快指数の推定システム

日本でよく用いられる不快指数（temperature-humidity index, THI）は，乾湿温度計の乾球温度計の値を T_a[℃]，湿球温度計の値を T_w[℃] としたとき式 (1.1) で定義される[8]．

$$\text{THI} = 0.72 \times (T_a + T_w) + 40.6 \tag{1.1}$$

つまり，乾湿温度計があれば，式 (1.1) を用いて不快指数を計算できる．ここで，（当然無意味ではあるが）ニューラルネットワークによる不快指数の推定を行うシステムを組むことを考える．

このシステムは，別のセンサによって取得された乾球温度計の値と湿球温度計の値を入力として与えられ，推測した不快指数を出力するものである．すなわち，本システムで使用するニューラルネットワークは入力層が2ニューロン，出力層が1ニューロンである．中間層については例えば1層にして，図1.7に示すようなニューラルネットワークを作成すれば良い．

なお，ここではすでに式 (1.1) が既知であるため，中間層がなくても問題ないことがわかるが，一般的には数式での表現が不明であるケースをニューラルネットワークで学習させるため，層の数やニューロンの数（ハイパーパラメータ）については，ある程度のトライ＆エラーを覚悟しなければならない．

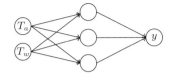

図 1.7 不快指数の推定システム用のニューラルネットワーク構成例

(b) 絵画から画家を推測するシステム

次に，絵画を見せることで，その画家が誰なのかを判断するシステムを考える．ただし，どのような絵でも判断できるシステムは難しい（どのような絵についても瞬時に画家を推測できる人間がいないのと同じである）．そこで，次の条件を満たすシステムとする．

- システムへ入力する画像は縦と横がどちらも 100 ピクセルのグレースケールの画像である
- システムは次の画家の候補について，入力した画像を描いた確率を算出する
   - フィンセント・ゴッホ
   - パブロ・ピカソ
   - ヨハネス・フェルメール
   - クロード・モネ
   - ポール・ゴーギャン
- システムへ入力する画像は上の画家のいずれかのものである

なお，グレースケールとは，黒から白の明暗のみで表現した画像である．鉛筆のみで描かれた絵を思い浮かべると良い．

さて，このシステムの入力は画像データである．しかし，ニューラルネットワークの入力層（すなわち人工ニューロン）は数値を入力するものである．そこで，入力層へデータを渡す前に，色データから数値データへの変換，および二次元データから一次元データへの変換を行わなければならない．

まず，色データから数値データへの変換については，ニューラルネットワークへの入力に限ったことではなく，コンピュータ自体が数値しか扱えないため，ディジタルデータを手に入れた段階で基本的には変換済みではあるが，ここで

はニューラルネットワークへの入力値を把握するために，あらためて変換の概要を説明しておく．

グレースケール画像の場合は，明暗の情報のみあれば良く，通常は1つの点（1ピクセル）の明暗情報を1バイトで表わすことが多い．1バイト，すなわち8ビットでは0～255の256段階を表現することが可能である．したがって，色データは0～255のいずれかの値へ変換する（図1.8）．0は黒および1は白に対応しており，その中間の値は，0に近づくほど黒に近い灰色ということになる．

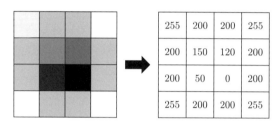

図 1.8　グレースケール画像の数値表現

次に，二次元データから一次元データへの変換，すなわち縦と横に広がる二次元データを1列の入力層に入力するには，まず画像の1行目の値を入力層の上から順に入力し，次に画像の2行目の値を入力層の続きへ入力し，残りの行についても前の行に続けて入力していけば良い（図1.9）．

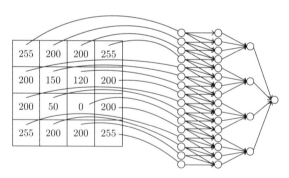

図 1.9　二次元の画像データからニューラルネットワークへ入力する様子

ここでは縦と横が 100 ピクセルの画像を入力するという条件をつけているため，全部で $100 \times 100 = 10{,}000$ ピクセル分の明暗データを入力することになる．すなわち，ニューラルネットワークの入力層は 10,000 ニューロン必要である．

出力層については，画家とニューロンを 1 対 1 対応として，画家の数だけニューロンを用意する．出力層の各ニューロンは，そのニューロンに対応した画家が，入力された絵画の作者である確率を出力することとする．例えばある画像を入力したときに，出力層の 1 つ目のニューロンはフィンセント・ゴッホによる作品である確率を出力し，2 つ目のニューロンは，パブロ・ピカソによる作品である確率を出力する，といった要領である（図 1.10）．

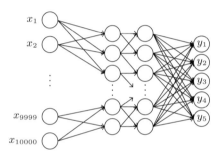

図 1.10　出力層のニューロンに各画家の確率を出させることで画家推測システムにする

今回は前提条件として出力層に対応する 5 名の画家のいずれかの作品しか入力しないということにしているため，出力層のニューロンが出力する値をすべて加算すると 1 になるという制約条件をつけることも可能である（つけなくてもニューラルネットワークとしては成立する）．

中間層は，不快指数の推定システムと同等のニューロン数では不足すると思われる．基本的にはニューロン数や中間層を増やすと，ニューラルネットワークの表現力が増えることになり，複雑な問題に対応できる可能性が高くなる．しかし，逆にニューロン数を増やすことで自由度が増し，学習が難しくなるという欠点もある．

(c)　絵画から画家を推測するシステム (2)

(b) のシステムを拡張して，カラー画像を入力することで画家を推測するシステムを考える．システムの動作については基本的に同じで，入力画像がカ

ラー画像であることが唯一の違いである.

グレースケールの場合は画像内のピクセル数が10,000で,それぞれのピクセルにおいて,明暗の値を数値で表わすため,ニューラルネットワークの入力層は10,000個であった.一方のカラー画像は,明暗ではなく,色の三原色でもあるRGB,すなわちRed, Green, Blueそれぞれの成分の強さで表わす(それ以外にも色相,彩度,明度で表わす場合や,透過度も含める場合もある).よく使用される24ビットカラーの場合は,RGBの成分の強さをそれぞれ8ビットで表わすため,各色が0〜255の256段階の値を持つ.すなわち,カラー画像の場合は各ピクセルが3個の値を持つため,このシステムで想定している10,000ピクセルの画像の場合は,30,000個の色情報が存在することになり,入力層のニューロン数も30,000個となる.出力層はグレースケールのときと同じで構わない.

(d) 音声入力システム

音声を入力することで,文字に変換するシステムは多く存在する.近年は精度が非常に高いシステムも多い.音声を扱うニューラルネットワークについても入出力を考えてみる.

音声データは,特定の時間ごとに記録した振幅の強さのデータであり,1次元のデータである(もちろん,波形を画面に表示した場合は画像データになるため2次元である).1次元のデータであるため,ニューラルネットワークへ入力する場合はそのままデータを入力すれば良さそうであるが,実際はそれほど簡単な話ではない.例えば,騒音レベルを出力するのであれば,その瞬間の振幅の強さを使えば良いが,音声入力システムの場合は,ある瞬間の振幅の強さが必要なのではなく,一つの文字に対応する時間の波形が必要となる.例えば,「か・き・く・け・こ」と1秒間隔に発話するのであれば,1文字に対応した1秒間のデータを使った方が良い.もちろん,1秒間「か」と言い続けたとしたら,はじめの0.2秒ほどで「か」と判断できるかもしれないが,少なくともある瞬間の振幅からでは「か」と判断することはできない.

このように,一つ一つの値というよりも,時系列で並べたものとして判断したいケースでは,単純に読み込んだ1データを入力層に渡してもうまく学習できない可能性がある.そうなると,例えば1つの文字に相当する長さで音声データを区切り,それを1つずつ入力層へ渡せば問題なさそうに思われる.し

かし，人が話す言葉において，1文字に相当する時間は一定ではないのに対して，ニューラルネットワークは基本的にニューロン数を固定化して利用するため，1文字に相当するデータ長が可変になるとニューラルネットワークへの入力が難しくなる．そこで，音声データを一定の長さ，つまりブロックで区切って入力し，さらに過去の入力層や中間層，出力層などを再び利用する手法をとることもある（図1.11）．そうすることで，ニューラルネットワークへの入力が固定長となり，しかも時間的に連続したデータをあわせて考慮した推測が可能となる．

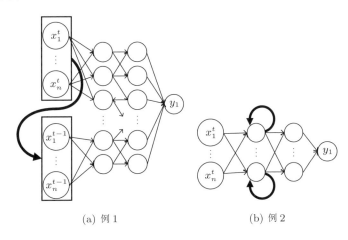

(a) 例1　　　　　　　(b) 例2

図 1.11 過去の情報を再び利用することで時間的なつながりを考慮した出力を得ることができる

ところで，音声データを使用する場合は，波形データを使用するとは限らず，スペクトログラムと呼ばれる画像へ変換したものをニューラルネットワークへ入力する場合もある．音声データは先に述べたように時間軸に対して振幅の強さをあつめたデータであるが，スペクトログラムは周波数軸に対して振幅の強さを求めて，それを時間軸に並べたものである（図1.12）．

(e) 自然言語処理システム

人間が話すときに用いる自然言語を処理するためのシステムはニーズが高い．元々コンピュータでは文字についてもディジタルデータとして扱うときには文字コードと呼ばれる数値で表現している．例えば，ASCIIコードと呼ばれる文字コードであれば，小文字のaは97，大文字のAは65，といったように対応

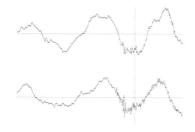
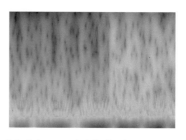

(a) 音声データを波形表示したもの　　(b) 音声データから作成したスペクトログラム

図 1.12 音声データはそのまま使用しても良いがスペクトログラムに変換して画像として使用しても良い

関係が決まっている．画像の場合は，この数値化したものをニューラルネットワークへ入力するという流れであったが，自然言語の場合は決してそれが良い方法とは限らない．なぜなら，多くの場合，"a" という文字に意味があるわけではなく "apple" や "and" などのように単語として意味を持ち，さらに言えば "I ate an apple" や "an apple over there" のように文として見たときの意味が重要であったりする．したがって，14 ページの音声入力システムのように，一つ一つの文字ではなく，ある程度の塊でさらに前の入力との関係も大切にしなければうまくシステムとして機能しないことがほとんどである．そこで，多くの自然言語処理では形態素解析やベクトル化などの処理を行う．

　形態素とは文を構成する最小単位のことで，それ以上分解できないものである．例えば，「私は勤労感謝の日に生まれた」という文章であれば，「私/は/勤労/感謝/の/日/に/生まれ/た」と分解される．形態素解析によく用いられるライブラリ（プログラミング言語で用いることができる機能を集めた部品集のようなもの）として MeCab[9] がある．MeCab はオープンソースの形態素解析エンジン[10] であり，Python などのプログラミング言語から簡単に使用することができる．また，オンラインで MeCab による解析ができるサイト[11] も存在する．

　形態素解析を行うことで，文章を短く分割できたら，ベクトル化を行う．ベクトルとは，簡単に言うと，複数の数値を組みにして，1 行または 1 列に記したものである．ベクトル化の方法にはいくつか種類があるが，例えば Bag-of-Words

（BoW）法では，形態素解析によって得られた形態素の出現回数により行列をつくる．ここで，ベクトルが1行または1列に数値の組を表記したものであるのに対し，行列は行と列の各方向に数値の組を記したものである．

具体的な例を示す．ここでは「今日の朝はうどんを食べた」「昨日は蕎麦を食べたから2日連続で麺を食べている」という2文があるとする．まず，形態素解析をすることで，「今日/の/朝/は/うどん/を/食べ/た」「昨日/は/蕎麦/を/食べ/た/から/2/日/連続/で/麺/を/食べ/て/いる」となる．そして，文ごとに横方向へ各形態素の出現回数を並べると，ベクトルが得られる．そして，各文に対応したベクトルをさらに縦方向に並べることで，式 (1.2) の行列が得られる．ここでは出現回数を使用したが，その形態素が出現したら1，出現しなかったら0とすることもある．また，形態素ごとに重要度を設定したり，クラスタリングしたりすることもある．

$$
\begin{array}{c}
\text{1文目}\\
\text{2文目}
\end{array}
\begin{bmatrix}
1 & 1 & 1 & 1 & 1 & 1 & 1 & 1 & 0 & 0 & 0 & 0 & 0 & 0 & 0 & 0 & 0 & 0 \\
0 & 0 & 0 & 1 & 0 & 2 & 2 & 1 & 1 & 1 & 1 & 1 & 1 & 1 & 1 & 1 & 1 & 1
\end{bmatrix} \quad (1.2)
$$

BoW 法では頻出度を使用したが，形態素の意味に着目して分散表現をとることもある．Word2Vec[12] は分散表現を求めるためによく使われるツールの一つであり，形態素（または単語）をベクトルに変換できるツールである．Word2Vec により得られるベクトルは，BoW 法によるものと異なり，形態素同士の距離（類似度）を表わすことができる．さらに演算も行うことができ，例えば，「王」−「男」＋「女」を計算することで，「女王」とするようなことが可能になる．

BoW 法にしても Word2Vec にしても，自然言語を数値で表現することができるため，あとは得られるベクトルの次元数（要素数）と等しい数のニューロンで入力層を構成すれば，ニューラルネットワークで学習することができる．

1.4.2　ニューロン同士の結合の種類

ここまで，ニューラルネットワークにおけるニューロン同士の結合は，前の層のニューロンとすべて結合するように描いていたが，実際にはいろいろな結合の仕方が存在する．結合の仕方自体を「〜結合」という名称で呼んだり，前の層に存在するニューロンに対してどのような結合をする層なのかを「〜層」という名称で呼んだりする．ここでは代表的なものを紹介する．

(a) 全結合層

もっとも基本的な，そして単純な結合の仕方であるのが全結合層である（図1.13）．これは，前の層に存在する全ニューロンに対して，すべてのニューロンを結合する層である．前の層に存在する全情報をまとめる働きがある．

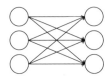

図 1.13 全結合層の様子

(b) 畳み込み層

画像処理においてよく用いられる層の一つが畳み込み層である（図1.14）．畳み込み層の構造を考えるときは，ニューラルネットワーク上の1列に並んだニューロンの結合として考えるよりも，2次元の画像をイメージして考えたほうがわかりやすい．畳み込み層ではフィルタを用いる．フィルタは図1.14の太い線で示した$n \times n$のサイズ（カーネルサイズ）の枠で，各枠には重みが設定されている．このフィルタを演算対象の画像の上に被せる（このとき，画像のピクセルとフィルタの枠が重なるようにする）．重なったピクセルの値（グレースケールであれば明暗の値であり，カラー画像であればRやGやBの値）とフィルタの重みをそれぞれ乗算し，それらの総和を次層のニューロンへの入力とする．フィルタは，画像の左上から右方向にkピクセルずつ右にずらしながら同様に演算を行っていき（ずらす量のことをストライドと呼ぶこともある），右端まで終わったらkピクセルだけ下にずらして，再び左端から演算を行っていく．これを画像の右下まで繰り返す．

畳み込み層は，画像内から特定の形状を探し出すような，局所的な特徴量を抽出するために用いられ，例えば図1.15のようなフィルタを用いれば，画像内に斜めのエッジ（線）が存在する場合にのみフィルタの重みとの乗算値が大きくなるため，斜めのエッジに反応するようなニューロンを生成できる．

(c) プーリング層

プーリング層も畳み込み層と同様にフィルタによる処理である．畳み込み層ではフィルタの重みとピクセル値との乗算を行っていたが，プーリング層では

1.4 ニューラルネットワーク

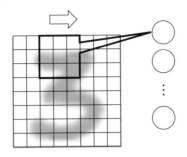

図 1.14 畳み込み層の入力は元画像で隣接したピクセルの値から重み付けされて算出される

1	0	−1
0	1	0
−1	0	1

図 1.15 畳み込み層のフィルタの例

フィルタ内のピクセル値の中で最大な値を求める最大値プーリング層や，平均値を求める平均プーリング層がある（図 1.16）．

プーリング層は，フィルタ内の最大値や平均値を取得するため，フィルタ内の傾向を掴むような，大まかな特徴量を抽出するために用いられる．

(d) リカレントニューラルネットワーク

層につけられた名前ではないが，ニューロンの結合の仕方の一つということでリカレントニューラルネットワークを紹介する．リカレントは日本語で「再帰」であり，文字通り過去に入力した値（およびそれをもとに計算した値）が再び帰ってくるようなネットワーク構造を持つことを意味している．例えば，図 1.17 に示すように，中間層のニューロンの出力の一部を入力層のように扱うような構造を持たせたりする．リカレントニューラルネットワークは，過去の入力値を再利用することができるため時系列データのように，現在の状況が過去の状況にも関係するような事象に対して有効な場合が多い．ここではイメージのみの紹介であるが，興味がある場合は，ぜひ資料等を見てほしい．

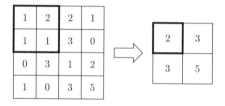

(a) 最大値プーリング層の例

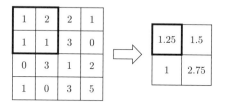

(b) 平均プーリング層の例

図 1.16 カーネルサイズ 2×2, ストライド $k = 2$ のプーリング層の動作例

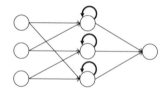

図 1.17 リカレントニューラルネットワークの例

1.5 機械学習

機械学習は，機械すなわちコンピュータが自ら学習をする技術の総称である．この章では，機械学習全般について紹介する．

1.5.1 学習の種類

機械学習は大きく分けると，「教師あり学習」「教師なし学習」，「強化学習」の3種類に分けられる．まずは，それらについて紹介していく．

（a） 教師あり学習

人間は，「○○の状況では□□した方が良い」という判断を行うことができる．それは，過去の経験から，個々の状況に対する正解の行動を学んだ結果，どのように行動すれば良いのかが判断できるようになったためである．さら

に，確実な正解がわからなくても，過去の経験から正解の行動を推測することもできる．

AIに対して，「入力が〇〇のときは，出力を□□としてほしい」というデータ，つまり入力と出力をペアにしたデータを大量に渡して（これを教師データと呼ぶ），それに基づいた行動をできるように学習させることを教師あり学習と呼ぶ（図1.18）．「教師あり」とはもちろん教師データがあることを意味している．

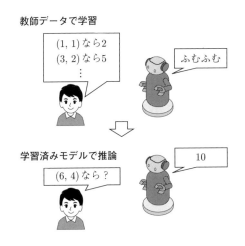

図1.18 教師あり学習は教師データによってモデルを学習する手法である

例えば，10ページに示した不快指数の推測システムでは，乾球温度計の値T_a[℃]と湿球温度計の値T_w[℃]の組み合わせを入力することで，不快指数THIを出力するため，教師データは，正しい(T_a, T_b, THI)のペアを集めたものである．

また，11ページの絵画から画家を推測するシステムでは，絵画の画像を入力して，正しい画家を出力するシステムであるため，画像データと画家名をペアにしたデータが教師データとなる．

実際に学習するときは，まず教師データから1組の入力xと出力yを取り出す．そしてxをニューラルネットワークへ入力して得られた出力$\tilde{y}$とyを比較する．比較した結果，yと$\tilde{y}$との差がわかるため，その差を修正する方向にニューラルネットワークの重みを調整していく．効率的に調整する方法として

22　第 1 章　人工知能（AI）技術

は，勾配降下法や誤差逆伝播法などがあるため，興味がある場合はそれぞれの名称で調べてみると良い．

（b）　教師なし学習

教師あり学習は，入力と出力をセットで用意する必要があるが，その作業は決して容易なものではない．例えば，企業のネットワークへ不正に侵入されたことを検知するシステムを作りたいと考えた場合に，攻撃者が不正に進入したときの通信データというものは簡単に手に入れることができないため，教師データを作ることが難しい．また，入力データがたくさん用意できる場合でも，それに対応する出力を準備するのが大変な作業であることも多い．

そこで，教師データを使わない学習，すなわち教師なし学習も存在する．教師なしといっても，学習させるためのデータは必要である．それでは，何が「なし」なのか．それは，入力データに対する出力である．つまり，機械学習のモデルを用意して，それに入力するためのデータがたくさんあるが，それぞれの入力に対応した出力は用意しない，という学習が教師なし学習である．

教師あり学習は，「入力が○○のときは，出力を□□としてほしい」という教師データに基づいて，入力に対応する適切な出力値を推測するために学習するが，教師なし学習は入力に対して出力をどうしてほしいのかを与えないため，そういった設計者の希望通りの動作を学ばせることには向かない．

例えば，図 1.19 に示すように，複数の画像をニューラルネットワークへ渡して学習することで，画像を A と B の 2 グループに分割できるモデルが得られるようなイメージである．ただし，A や B が何のグループなのかということは，はっきりとわからないケースも多い．それは，教師あり学習がこちらで正解を示した上で，その通りに学習することを目指す手法であるのに対し，教師なし学習は正解を示していないため，学習の結果がどうなるのか，またはどうなったのかということについて，明確にはならないことも多いということである．

なお，教師あり学習と教師なし学習の中間である「半教師あり学習」と呼ばれる手法もある．これは，学習データの一部に正解ラベル（期待される出力）もつけられていて，正解ラベルがあるデータを利用することで正解ラベルがないデータのラベルを予測し，最終的にそれらのデータを統合するような手法である．すべてのデータの正解ラベルを用意しなくて良いため，教師データの準備がしやすくなるという利点がある．

図 1.19 教師なし学習は分類等が得意であるが分類結果については人間が考察しなくてはならない

(c) 強化学習

　強化学習では，ある問題を解くエージェントを想定する．エージェントはある環境に置かれており，その環境下で行動をする．通常，エージェントの行動にはいくつかの選択肢があり，選択した行動によって環境が変化する．その変化が好ましいものであれば多くの報酬を与えられる．さまざまな環境において，行動に対する報酬を学ぶことで，全体的に良い行動をとるようにするのが強化学習である．

　もう少し具体的に説明するために，例えばテレビゲームを考える（図 1.20）．エージェントはテレビゲームの中のプレイヤー（またはそれを操作する人間と考えても問題ない）であり，環境はプレイヤーがおかれている状況，すなわちテレビゲームの画面である．

　プレイヤーは常に次の行動を取ることができるとする．

- 右移動
- 左移動
- ジャンプ

ある環境（すなわちプレイ中のある状況）において，プレイヤーが右移動を選択するとする．その結果，例えば次のような「好ましいこと」が起こるとする．

- ゴールに近づく
- 敵を倒す
- 敵を飛び越える
- スコアが増える

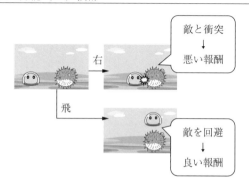

図 1.20 強化学習はゲームのプレイ等が得意であり，「ある環境」において「ある行動」をすることで「良い環境」に遷移したときは「良い報酬」を与え，「悪い環境」に遷移したときは「悪い報酬」を与える．

これらに対しては，エージェントにプラスの報酬を与える．一律の値でも良いし，「好ましさ」に差があるのであれば，報酬に差をつけても良い．

反対に，同じ環境において左移動を選択した場合，例えば次のような「好ましくないこと」が起こるとする．

- ゴールから遠ざかる
- 敵に接触する
- スコアが減る
- ゲームオーバーになる

これらに対しては，エージェントにマイナスの報酬を与える．

エージェントは各環境における行動を選択するときに，過去の報酬の状況を参考に良い報酬をもらえる行動を選択することで，「好ましいこと」を繰り返して，目標を達成することができるようになる（図 1.21）．

1.5.2 学習法と得意分野

先に述べた 3 種類の学習について，それぞれ得意とする分野がある．まず，教師あり学習については，入力とそれに対する出力を与えて学習させることから，回帰問題や分類問題を得意とする．回帰問題とは，未知の入力に対する出力を求める問題である．例えば，10 ページの不快指数の推測システムでは，いくつかの乾湿温度計の値と不快指数の値とで構成される教師データを用いて教師あり学習を行い，教師データには存在しない乾湿温度計の値に対して，不快

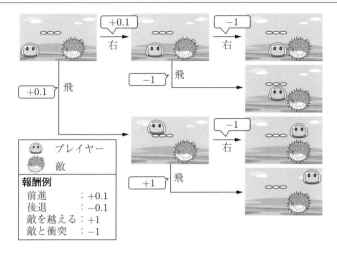

図 1.21 強化学習ではさまざまな環境での試行錯誤を繰り返すことで良い報酬をもらえる行動をするように学習させる

指数の値を推測する．このように，未知のデータに対して出力値を推測するのが回帰問題である．一方の分類問題とは，文字通り入力されたデータをいくつかのグループに分類することを目的とした問題である．例えば，11 ページの絵画から画家を推測するシステムは，入力された画像がどの画家に分類されるのかを出力しているため，分類問題である．

教師なし学習は，入力に対する出力，つまり正解が与えられない中での学習であり，回帰問題や分類問題には向かない．その代わり，与えた大量のデータから特徴を見出し，いくつかのグループに分割（グルーピング）するクラスタリングを得意とする．ただし，あくまでクラスタリングまで，すなわちいくつかのグループに分けるところまでを行い，そのクラスタにどのような意味があるのか，というところは人間が行う必要がある．また，教師なし学習は次元削減も得意とする．次元とは，データを構成する要素数，つまりニューラルネットワークでいうところの入力層のニューロン数にあたるものである．例えば，「乾球温度計の値」，「湿球温度計の値」，「湿度」の 3 種類の値からなるデータがあったとする．このデータの次元数は 3 である．しかし，「湿度」は「乾球温度計の値」と「湿球温度計の値」から導き出すことができるため，このデータは「乾球温度計の値」と「湿球温度計の値」の 2 次元で問題ないはずである．

26　第1章　人工知能（AI）技術

このように，データを構成する要素から不要なものや影響の少ないものを削除することで，データの次元を減らすことを次元削減といい，教師なし学習が得意とするところである．

画像生成で有名な GAN（Generative Adversarial Networks, 敵対的生成ネットワーク）も教師なし学習の一つである．GAN では，画像を生成する AI モデル（Generator）と画像が本物なのかを識別する AI モデル（Descriminator）とを用意して，Generator が生成する画像と，事前に用意した「本物」の画像をランダムに Descriminator へ渡し，Descriminator がそれを本物か偽物かを識別することを繰り返す．Generator は Descriminator を騙すために，画像生成能力を向上させるように学習するとともに，Descriminator は Generator が生成した画像を見抜くために，識別能力を向上させるように学習する．このように，GAN は教師データに頼った学習ではなく，AI モデル同士が互いに能力を高め合うように学習を進めていく手法である．

最後に強化学習については，テレビゲームやボードゲームなど，ゲームをプレイすることを得意としている．また，今後はゲーム以外の分野での利活用についても期待されている．通常，人間がなにか目的を達成しようとしたとき，そこまでのプロセス全体について評価することは難しい．しかし，強化学習であれば，「ある環境におけるある行動」を評価すれば良いため，行動基準を明確に設定することが容易になる．また事前にデータを集めなくても構わないという利点もある．ただし，その場合は試行錯誤をしながら報酬のデータを集めることに長い時間を要するため，即効性を求める場面等では使いにくいかもしれない．

1.5.3　タスクと指標

機械学習には多種多様なものが存在するため，対象としている問題をどの程度正確に解決できるものなのかを表わす指標（評価関数とも呼ぶ）が必要となる．ここでは，教師あり学習の回帰問題と分類問題に絞って紹介する．

（a）　回帰問題

回帰問題とは，未知の値を入力したときに，対応する出力値を予測する問題である．回帰問題の場合は，基本的に予測する値が連続値である．例えば，気温や天気や時期から，開催するイベントの参加人数を予測したり，試験前に勉

強した時間から試験の成績を予測したり，といったものが回帰問題に相当する．

このとき，どの程度正確に予測できているのか評価するために，次のような指標が用いられる．

- 絶対平均誤差（Mean Absolute Error, MAE）
- 平均二乗誤差（Mean Square Error, MSE）
- 平均平方二乗誤差（Root Mean Square Error, RMSE）
- 決定係数

それぞれの定義式は次の通りである．ただし，式中の n はデータ数，y は真値（実際の値），$\hat{y}$ は予測値，$\bar{y}$ は平均値である．

$$\text{MAE} = \frac{1}{n} \sum_{i=1}^{n} |\hat{y}_i - y_i| \tag{1.3}$$

$$\text{MSE} = \frac{1}{n} \sum_{i=1}^{n} (\hat{y}_i - y_i)^2 \tag{1.4}$$

$$\text{RMSE} = \sqrt{\frac{1}{n} \sum_{i=1}^{n} (\hat{y}_i - y_i)^2} \tag{1.5}$$

$$決定係数 = \frac{\sum_{i=1}^{n} (y_i - \hat{y}_i)^2}{\sum_{i=1}^{n} (y_i - \bar{y}_i)^2} \tag{1.6}$$

それぞれの値を具体例を用いて示す．あるシステムにおいて，入力 x に対する出力 $f(x)$ を求める回帰問題があったとする．それに対して，あるモデルを用いたときに，表 1.1 に示すような入力 x と予測値 $\hat{y}$ が得られたとする．真値（予測値ではなく実際の値）y，予測値の誤差 $\hat{y} - y$，絶対誤差 $|\hat{y} - y|$，二乗誤差 $(\hat{y} - y)^2$ もあわせて記している．$x = 5$ のとき，予測値が真値と比較して大きくずれている．このような値を外れ値と呼ぶ．

表 1.1 を用いて，各評価関数を用いてこのモデルを評価をすると次のような結果になる．

$$\text{MAE} = \frac{1}{5} \sum_{i=1}^{5} |\hat{y}_i - y_i| = \frac{1}{5} \times 2.9 = 0.58 \tag{1.7}$$

$$\text{MSE} = \frac{1}{5} \sum_{i=1}^{5} (\hat{y}_i - y_i)^2 = \frac{1}{5} \times 6.29 = 1.26 \tag{1.8}$$

28　第 1 章　人工知能（AI）技術

表 1.1　ある回帰問題に対する予測値

x	y_i	y	$\hat{y} - y$	$|\hat{y} - y|$	$(\hat{y} - y)^2$
1	1.5	1.6	-0.1	0.1	0.01
2	3.0	3.1	-0.1	0.1	0.01
3	4.5	4.4	0.1	0.1	0.01
4	6.0	5.9	0.1	0.1	0.01
5	7.5	10.0	-2.5	2.5	6.25

$$\mathrm{RMSE} = \sqrt{\frac{1}{5} \sum_{i=1}^{5} (\hat{y}_i - y_i)^2} = \sqrt{1.26} = 1.12 \tag{1.9}$$

$$決定係数 = \frac{\sum_{i=1}^{5} (y_i - \hat{y}_i)^2}{\sum_{i=1}^{5} (y_i - \bar{y}_i)^2} = \frac{1.26}{22.5} = 0.056 \tag{1.10}$$

モデル同士を比較するときに，同じ評価関数を使用するのであればどれを使っても基本的に構わない．ただし，それぞれの使いやすさは異なる．例えば，MAE については真値と予測値との誤差の絶対値，すなわち誤差の大きさを表したものであるから，人間にとって感覚的に予測値のずれを把握しやすい．一方の MSE は二乗していることで，人間にとっては誤差の大きさを直感的につかみにくくなっている．RMSE は MSE の値の平方根をとっており，二乗された単位がもとに戻っていることで誤差の大きさをつかみやすくなる．ただし，RMSE は MAE と比べて外れ値の影響を受けやすいため注意が必要である．

　これだけ聞くと，MAE があれば十分な感じを受けるかもしれないが，MSE は二乗をしていることで「微分」を行うことができ，実は機械学習を行う上で便利である．そこで，学習のときに MSE を用いて，評価のときに平方根を求めることで RMSE として用いることも多い．また，RMSE は外れ値の影響を受けやすいことから，RMSE を用いることで外れ値をできる限り少なくするような学習をすることが可能である．

　決定係数は，0 から 1 の間をとるため，モデル同士での比較を行いやすいという特徴がある．

1.6　AI によるサービス

この章では，実際に消費者向けとして展開しているサービスについて代表的なものに絞って紹介する．

1.6.1　AI 搭載の機器

AI が搭載されていることを謳っている商品は数多く存在する．なぜならば，2 ページにも示したように，AI の定義は人間が知的と感じる技術であれば十分で，実際に人間と同等である必要はないからである．したがって，AI 搭載とされているものの中には粗悪なもの，すなわち実際には決して高度な処理はしていないもの（もちろん高度だから AI というわけでもない），ランダムに動いているだけのもの（規則的な動きを人間は「知的」と感じないということもあり，「AI である」と言われた状態でのランダムな動きはまさに「それっぽい」と感じてしまうことも多い）なども存在する．それでも構わないケースであれば問題はないので，結局はケースバイケースなのかもしれない．

（a）　スマートスピーカー

さて，AI 搭載のものとして広く使用されているものはいくつかある．たとえば，Google Home や Amazon Echo Dot などのスマートスピーカーの類や，スマートフォン等に搭載されている Google アシスタントなどの類である．

スマートスピーカーは発話者が呼びかけたあと，なにか依頼をすると，その依頼に応じて処理をしてくれたり返答をしてくれたりする．つまり，最低でも

- 音声を聞き取る（音声認識）
- 言語を理解する（自然言語処理）

の 2 点が必要である．また機能によっては発話者を区別する必要もある．ちなみに操作する機器類との連携等も必要であるが，それらは AI とは関係なく，人間が作ったプロトコル（通信手順）で行われている．

（b）　お掃除ロボット

お掃除ロボットにも AI が搭載されているものがあり，例えば

- 空間把握（マップ作成）
- ゴミ検知
- 自機場所推定
- 障害物識別

30　第1章　人工知能（AI）技術

などをAIで行うことがある．また，居住者の生活スタイルを学習して，適切なタイミングで掃除をしておくような機能を搭載している場合もある．

　繰り返しになるが，必ずしも「高度な技術で高度な処理を行える」というわけではない．ただし，使用者が満足できる掃除を行うことができるのであればAI搭載を謳っても問題はない．

（c）　自動運転

　自動運転バスの実証実験等も行われている[13]．自動運転バスは，バスの運転手不足等を解決する手段として期待されているところである．ただし，まだまだ自動運転の乗り物には課題も多く残されている．

　自動車の自動運転には多くの技術が必要である．道路の認識，標識の認識，歩行者や他の自動車を含む障害物の認識や行動予測等，非常に多くの処理を行わなければならず，さらに歩行者等の行動には不確実性があるため，さらに難しさを高めている．もしも動作を誤ってしまえば，すぐに人命にも関わる可能性があるため，特に慎重に実証実験等を重ねなければならない．

　例えば，福岡市での実証実験では，自動運転バスの接触事故が発生し，その原因が停車位置にあったことが発表された[14]．この事例ではオペレータが停車させた場所が，余裕をもった安全確認をできないような場所であったことが悪かったということであり，直接自動運転車がミスをおこしたわけではない．しかし，自動運転バスが停車中に，たまたま別の自動車が付近に停車し，それがたまたま自動運転バスの安全確認を邪魔する場所であったとしたら，現状では同様の事故が起こりかねない．ちなみに，自動運転バスによる解決しかないわけではなく，例えば車々間通信等の技術もよく研究されており，それによって自動車同士が通信することで事故を未然に防げるようになる可能性もある．

（d）　その他

　例えば将棋や囲碁をプレイして人間に勝利[15]した当時はニュースでも大きく取り上げられたように，ゲームの分野においてもAIは活躍している．近年は実際にAIを使って腕を磨いている棋士[16]も多い．そもそも，昔からテレビゲームでCPU対戦などはあったため，人間とプレイできるコンピュータの歴史は古いと言える（敵キャラの動きが人間のプレイヤーに近ければ広義ではAIと言える）．

　また，AIによるアバターを用いた接客サービス[17]や，ECサイトのおける

レコメンド（おすすめ）機能など，多くの場面で AI を用いたサービス等が展開されている．

1.6.2 ChatGPT

ここ数年，特に注目を集めている技術に大規模言語モデル（Large Language Models, LLM）がある．LLM は，非常に大規模なデータセットとニューラルネットワークを用いた言語モデル（文章を扱うモデル）であり，代表的なものに ChatGPT がある．

ChatGPT はアメリカの OpenAI が開発した LLM による対話型 AI サービスであり，2022 年 11 月にリリースされた．リリース当時は GPT-3.5 がベースとなっており，2024 年 1 月現在は，GPT-4 も有料ではあるが利用可能である．

ChatGPT が登場した当初は，その性能の高さから，急速に利用者が増えていった．その様子を嶋是一氏は次のように例えている [18]．

> 今から 30 年前，1993 年は初めて一般向けインターネットサービスが始まり，急速に広がり始めた時期でしたが，言葉が独り歩きしてしまい，店頭で「インターネットください」とか「インターネットはどこで買えますか」などの珍質問も出ました．今となると笑い話ですが，今の ChatGPT はその当時のインターネットの扱われ方とよく似ている状況だと感じています．
>
> （出典：嶋是一，"気になるこの用語," 国民生活 2023 年 5 月号，pp.28-29.）

実際，「何に使えるかはっきりわからないけど，何でもできそうだし，すごいらしい」というような話をする人がいたのは確かである．

（a）規模

人間は，大脳に約 160 億個，小脳に約 690 億個，全体で約 860 億個のニューロンをもっていると言われている [19]．それに対して，ChatGPT は次のようにバージョンを重ねるに連れてニューロン数を増やしており，今や人間の脳のニューロン数を遥かに超えている．

GPT-1　　2018 年 6 月リリースで 1 億 1700 万ニューロン

GPT-2　　2019 年 2 月リリースで 15 億ニューロン

GPT-3　　2021 年 1 月リリースで 1750 億ニューロン

GPT-3.5　　　2022 年 11 月リリースで 3550 億ニューロン

GPT-4　　　2023 年 3 月リリースで推定約 1 兆 7600 億ニューロン

　ただし，GPT-4 については，公式アナウンスはなく，関係者の話としての値[20] であるため，注意されたい．なお，その他の AI についてもまとめたものが AI 戦略会議の資料として公開されている[21] ため，興味があれば確認してほしい．ここまでは，ニューロン数を増やすことで高性能化を目指していたが，GPT-4 が公開された頃から方向性を変える動きもある．

　ところで，ChatGPT をリリースした OpenAI の CEO である Samuel Harris Altman 氏は，「巨大 AI モデルを用いる時代は終った」と語っている[22]．これからはニューロン数を増やすだけではなく，別の方法も検討していく必要がある時代になりつつあるのかもしれない．

（b）　各種調査

　ChatGPT については，多くの調査・研究が行われている．ここではいくつかの概要を紹介する．

　まず，スタンフォード大学准教授の Michal Kosinski 氏は「心の理論」テストを用いて，ChatGPT が人間の何歳児くらいの発達段階にあるのかを調査している[23]．それによると，2022 年 1 月の GPT-3 が 7 歳児程度，2022 年 11 月の GPT-3.5 が 9 歳児程度の心をもっていることが明らかになった．ただし，その後も調査が続けられ，2023 年 8 月の報告によると，2023 年 3 月時点の GPT-3.5-turbo が 3 歳児程度，2023 年 6 月の GPT4 が 7 歳児程度の心をもっているということで，少し発達具合が落ちてしまったようである．

　これについては，別の方面からも指摘されており，GPT-3.5 と GPT-4 に対して「Is 17077 a prime number? Think step by step and then answer [Yes] or [No]」，すなわち 17077 が素数かどうか段階を踏んで導き出して，Yes/No で答えるように指示を出す実験が行われた[24]．GPT-4 は，2023 年 3 月時点では段階を踏んで正解を導き出していたのにも関わらず，同年 6 月には導出を一切答えず，ただ誤った解答を答えるのみであった．一方の GPT-3.5 は，2023 年 3 月時点では，導出もきちんと解答していたが最終的に誤っていた．しかし同年 6 月時点では，導出文が充実され，さらに正解を導き出していた．

　このように，時間が経過すると，GPT が生成する文章の精度が変化する．もちろん，精度が向上する変化は歓迎されるが，そうとは限らない．実際，上の

例では GPT-4 の性能は劣化しているといえる．そのため，2023 年 6 月前後に
GPT-4 に対してナーフ疑惑が生じていた．ナーフ（Nerf）とは，昔存在した
米国の Hasbro 社のブランド名であり，子どもが安全に遊べるように，意図的
に性能を抑えた商品を販売していたことから転じて，「意図的に性能を抑えて
いる」ということを表している．ただし，現在は，ナーフではなくドリフト現
象のためではないかと見られている．ドリフト現象とは，学習によって想定し
ていない部分のパラメータへ悪影響を及ぼしてしまう現象である．いずれにし
ても，モデルの出力が大きく変化したことに違いはなく，今後もそのような可
能性がないとはいえないことには注意を払うべきである．

なお，日本においては株式会社野村総合研究所がビジネスパーソンの生成 AI
に対する意識調査を行っている [25]．調査は ChatGPT がリリースされて約半
年後であったが，約半数は生成 AI というものを聞いたことがないと回答して
いる．また，同報告書には，生成 AI が職場に導入されているのかという質問
に対する回答を業種別にまとめたものもある．それによれば，実際に業務に取
り入れている割合はどの業種も数%程度であるが，トライアル中や検討中とい
う回答は業種によって大きな差が生じており，やはり IT・通信関連の業種が
それらの割合は非常に高くなっている．ただし，現在は，すでに状況が変わっ
ていると思われる．

(c)　業務への利活用場面

OpenAI の利用規約をみると，業務への利用も基本的には可能であることが
わかる．ChatGPT は，文字を結合させて文章を作成することを得意としてい
るため，基本的には文章の生成全般ができる（有料版の場合はプラグインとい
う追加の機能をもたせることで，絵の生成も可能となる）．したがって，例え
ば社員の事務手続きの仕方を尋ねると答えてくれたり，業務に必要な文章を作
成したり，または変換（翻訳や校正）したり，プログラムを作成したりといっ
たことが可能である．

社員の事務手続きに関する質問に答えるシステムがあれば，本来答えるはず
の事務員の業務が減るし，業務に必要な文章作成や変換をするシステムがあれ
ば，その業務を担当している社員の業務が減る．また，プログラムを作成する
ことができれば，外注する必要がなくなって経費削減につながる．つまり，人
的コスト，金銭的コストの削減が可能となることがわかる．

34　第1章　人工知能（AI）技術

ただし，例えば社員の質問に答えるシステムとして ChatGPT を利用したとしても，一般的な事項については答えてくれるかもしれないが，質問内容が，あまりにも専門的な内容であったり，すごくローカルな内容（特定の会社でだけで通用する習慣等）であったりした場合は，うまく回答できないかもしれない．そういった内容は，ChatGPT の学習データの中に含まれていない可能性があるからである．その場合，ChatGPT 等の LLM をベースに，社内用にカスタマイズする（つまり，追加で学習させる）必要がある．

もう少し具体的に利活用の場面を考えると，次のようなものが考えられる．

- マーケティングデータの収集
- ニーズの調査
- 報告書の作成
- 報告書の要約作成
- 定型業務，単純作業の自動化
- 開発におけるアイディア出し

その他にも多くの部分で利活用が可能である．ChatGPT によって，業務の負担を減らすことができればその分だけ重要な業務に力を注ぐことが可能となる．例えば，商品開発の部署であれば，市場調査，分析，商品企画，提案，採用というような流れで進んでいくが，次のような力の配分が可能となる．

調査　ChatGPT に市場のニーズを尋ねてササッと終わらせる

分析　得られたニーズを ChatGPT に整理・分析させてササッと終わらせる

企画　たたき台として ChatGPT にアイディアをもらっても良いし，ここに人の力を集中させるのも良い

提案　上司への提案書を ChatGPT でササッと作成

採用　上司は ChatGPT で提案書の概要を作り，スピーディに採用

上の流れはあくまでイメージではあるが，あまり力を割かなくても良いところでは ChatGPT をうまく活用することで，大事な部分に注力し，業務効率を向上させ，生産性も高めることも可能である．ただし，業務のやり方を変更するのは簡単なことではない，ということも理解しておかなければならない．

1.6.3 AI 利用時の注意点

（a） 尤もらしい誤り

33 ページで，ChatGPT がプログラムを作ってくれるため，外注する必要がなくなり，コスト削減につながるということを述べた．しかし，そう簡単な話ではない．それは，（少なくとも現代の）AI は決して万能ではないからである．プログラムを ChatGPT が作れるようになって，外注費が不要になる，ということ自体は正しいことではあるが，実際には，まったくプログラムのことがわかっていない人が ChatGPT にプログラムを作らせるのは難しい．なぜなら，わざわざ外注するようなプログラムというのは，複雑な処理を必要としている可能性が高く，そのような処理をするプログラムを ChatGPT に伝えることが難しいからである．そのため，AI に的確な指示を出して，思い通りの処理をさせる技術者（AI への指示をプロンプトと呼ぶことから，「プロンプトエンジニア」と呼ばれる）の育成が必要である．

ChatGPT は，あくまで文章を「生成」することを生業としており，乱暴な言い方をしてしまえば，確率的に次に来そうな文字をつなげているだけである．そのため，文章としてはおかしくないが，途中で内容がおかしくなっている，ということもある．そこが，最も恐ろしい部分であり，文章は正しいから誤りに気づきにくいのである．まさに「尤もらしく間違える」のである．

AI による真偽不明の情報を利用することで，自身が損害を被ったり，他人に損害を与えたりする可能性も否定できない．便利なツールであることは間違いないが，得られた情報を利活用する際にはしっかりと裏を取ったほうが安心である．これは AI に限ったことではなく，単一の情報源から得られた情報は信憑性に不安が残ることも多く，必ず複数の情報源を用いて情報を得るということを心がける方が良い．

（b） 個人情報の保護

AI は，手元の情報を用いて何かをさせるようなことも可能である．例えば，何かのデータが手元にあって，それを AI に分析させたり，または英語で書かれた資料を AI に翻訳させたり要約を作らせたりすることが可能である．

しかし，AI はクラウド上のサービスとして展開していることも多く，AI に渡した情報（プロンプトの内容であったり，添付ファイルであったり）はインターネットを経由して，AI のモデルへ入力されていることを忘れてはならな

い．入力された情報はただ出力を求めるだけに使われるかもしれないが，サーバ側にその記録が残るかもしれないし，または AI モデルのオンライン学習に使われるかもしれない．

もしも，機密情報や個人情報等を AI に渡すということは，組織外に公開しているのと同じであるということを常に意識しながら，公開されても良い情報のみ AI に渡すようにするべきである．あるいは，自社サーバなどに AI モデルを展開して利用するという方法もあるため，どうしても機密情報等を AI で処理する必要がある場合は検討をおすすめする．

（c）　著作権

AI，特に生成系の AI を用いる場合に避けては通れないのが，著作権の問題である．これには二通りの観点がある．一つが AI にデータを学習させるとき（学習フェーズ），もう一つが学習済み AI を利用するとき（推論フェーズ）である．

そもそも著作権については，著作権法によって守られており，原則としては，類似性と依拠性が認められたときに著作権の侵害とみなされる．類似性とは，既存の著作物と同一，または類似していることを指し，依拠性とは，既存の著作物に依拠，すなわちその著作物に接した上で自身の作品の中に用いていることを指す．つまり，既存の作成を知った上で似たものを作成すると著作権侵害であるということになる．ただし，公益性の高い利用方法など，いくつか例外となる場合も定義されている．

それを踏まえて，まず，学習フェーズにおける著作権については，単純に学習用データとして AI に入力するだけであれば，著作権侵害ではないという意見が多い（2024 年 1 月現在）．それは，著作権の侵害にあたらないケースとして次の解釈があるからである．

> 著作物に表現された思想又は感情の享受を目的としない利用については著作権侵害にはあたらない [26]．

なお，「享受」とは，「著作物の視聴等を通じて，視聴者等の知的・精神的欲求を満たすという効用を得ることに向けられた行為 [26]」のことであり，プログラムであれば実行することを「享受」と考え，文章であれば閲読することを「享受」と考え，音楽や映画であれば鑑賞することを「享受」と考える．AI へ

の学習用データとしてのみ使用する場合は，知的・精神的欲求を満たすわけではないため，著作物侵害にはあたらない，というのが2024年1月現在での解釈である．その場合，著作権者の許諾なくデータを使用できる（もちろん許諾をとった方が心配なく使用できる）．

一方の推論フェーズにおける著作権の考え方については注意が必要である．まず，AIで生成した作品を利用する場合の著作権侵害について考えなくてはならない．

AIを用いて生成した場合でも，AIを用いていない場合と同様の判断を行われるため，類似性と依拠性による判断が行われる．すなわち，他人の著作物と類似しているかどうかという観点と，他人の著作物に触れた上で（知った上で）生成されたものかという観点が重要となる．なお，類似性や依拠性が認められたとしても，私的利用の範囲であれば著作権者の許諾が不要となるため，自身で生成AIを使用して楽しむこと自体は問題ない．類似性や依拠性が認められる状態で，著作権者の許諾を得ずに，生成物をアップロードして公表したり，販売したりする行為は基本的に著作権の侵害に相当すると考えられる．

次に，AIで生成した作品自体の著作権について考える必要がある．法律的には，著作物は「思想又は感情を創作的に表現したもの」であるが，AIが自律的に生成したものは基本的に該当しないと考えられている．したがって，AIで生成された作品は著作物ではない．ただし，AIをあくまで道具として用いて，自身の思想等を表現した場合には，生成された作品が著作物となり，AIに指示した人物が著作者となると考えられている．その境界線については，人の創作意図や創作的寄与などから判断される．特にその人物がどの程度創作的寄与をもっているかは重要な点になるため，AIに指示した内容（プロンプト）はしっかりと保存しておかなければ，著作権の主張が難しくなると考えられるため注意が必要である．

以上が，AIに関する著作権の基本的な考え方であるが，法律上の問題は司法の場で判断されることであるため，ここに書いている内容をもとに，勝手な判断することがないように注意されたい．また，AIに関する法整備はまだ整いきっていないため，今後法律の解釈が変更となったり，または法律が変わる可能性もあることも考え，常に最新の情報にアップデートする必要がある点も忘れないようにしてほしい．実際，2024年1月15日に文化庁から「AIと著作

権に関する考え方」の素案[27] が示され，パブリックコメントが求められた．

（d）　ELSI

倫理，法律および社会的影響（Ethical, Legal and Social Issues, ELSI）と言われるものがある．これは，AI に限った話ではなく，技術分野で考慮すべき事柄のことであり，倫理的な面や法律的な面，社会的影響の面について，よく考慮すべきというものである．

例えば，倫理面で考慮すべき例の一つとして，AI サービスの責任論についての指針がある．あるお店で防犯カメラとセットで AI による顔認証システムを運用しているとする．そのお店で万引きが発生して顔認証システムで判別ができたため，チェーン店全店に顔認証システムのデータを共有して，入店時に警報がなるようにしたとする．果たして，これは良いことなのであろうか．次のような懸念点はないか．

- その万引きした人は，たまたま出来心で万引きしたかもしれないのに，このお店のチェーン店全店で見張られることは妥当なのであろうか．
- そもそも顔認証システムの誤認識の可能性はないのであろうか．
- 万引き自体は誤認識の可能性はないのであろうか．

もちろん，万引きは良くないことである．しかし，それに見合った対応なのかという部分が，倫理面で考慮すべき部分ということである．AI に限った話であるが，技術を駆使したシステムは便利であるが，その使い方を誤らないようにしなければならない．

1.6.4　AI システムに必要なもの

AI は便利なツールであるが，一方でいろいろな課題も抱えている．この章では AI を利用したシステムの展開に必要とされるものについて述べる．

（a）　説明可能性

例えばニューラルネットワークは，一つの単純な人工ニューロンを大量につなげてネットワークを組み，重みを調整することで入出力関係を定めている．しかし，人間にとっては，その重みがどのような意味を持つかわかりにくいし，ネットワークを見ただけで入力から出力を求める仕組みを判断することは非常に難しい．

そこで，人間にとって仕組みがわかる，すなわち説明可能な AI が求められ

る場面も多い．そのような説明可能な AI を XAI（eXplainable AI）と呼ぶ．

　ところで，説明可能性には遡及型と予見型の二種類存在する．遡及型の説明可能性とは，AI の利用者にとって納得できない結果が得られた場合に，利用者が理解できるような説明ができるかどうか，というものである．一方，予見型の説明可能性とは，その AI が将来的に応用されたとしても，予測可能な範囲においては，おかしな結果を出力することはない，と保証するというものである．

　例えば，生命保険の契約をしたい人がいたとして，生命保険会社へ契約の依頼をしたとする．その生命保険会社は，保険料を決定する AI システムを採用しており，性別や年令，病歴等を入力することで保険料を算出する方式をとっていたとする．そして，そのシステムの結果，一般的な生命保険料と比較して非常に高い金額が提示されたとする．

　このとき，申し込みをした人が「AI がそう言うなら仕方がない」となるとは限らず，「なぜそのような金額になるのか」と問い合わせをする可能性も高い．そういうケースにおいて，保険会社はどのような説明をすれば申し込み者が納得をするのか，考えておかなければならない．

　保険会社としてもっとも「楽」な回答としては，ニューラルネットワークなどのモデルを見せて，各枝の重みを示しながら，「このようなモデルを使用していて，入力層にあなたの情報を入力したところ，出力としてこの金額が出たのです」と説明することである．しかし，それで申し込み者が納得するのかが問題である．おそらく，実用的なニューラルネットワークのモデルは，複雑であると考えられるし，さらに多くの人はニューラルネットワークの仕組みを知らないことも考えられる．

　このように，直接 AI モデルの内部構造を説明するという手段は，「遡及型の説明可能性」を担保する方法として非現実的であることがわかる．そこで，AI のモデルを知らない人でも理解しやすいように，簡略化した AI を構築して簡単化した内部構造を用いながら説明を行うという方法が考えられる．これであれば，簡略化された構造であるから，丁寧に説明すればその仕組を理解することができるかもしれない．簡略化の方法としては，例えばルールベースの AI（図 1.22）や，Yes と No の分類木（図 1.23）を用いる方法が考えられる．

　しかし，ルールベースの AI や分類木で簡略化したモデルを用いて説明する方法にも欠点がある．それは，簡略化したことで，本物のモデルの動作を完璧

図 1.22 ルールベースのモデルは人間にとってわかりやすい

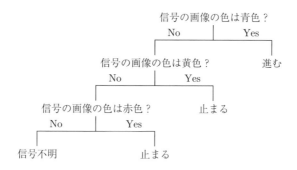

図 1.23 分類木は動作の理解を助けるために有用である

に再現できないということである．簡略化するということは，近似しているようなものであり，説明したいデータ周辺の動作のみを近似していることが多い（図 1.24）．

なぜなら，簡略化したモデルで動作を完全に再現できるのであれば，簡略化したモデルを実務でも使ったほうが良いからである．そうなると，問題が生じる．遡及型の説明可能性，つまりその申込者が疑問に思っている部分については簡略化したモデルで説明することができたとしても，予見型説明可能性，すなわち想定され得るデータ全体に対する動作の再現ができず，本来のモデルが正しく動作することを説明することができない．

簡略化を目指した場合，最も類似した結果を代用したり，類似性の高い順にいくつか選択して平均値として示したり，部分的な境界線にのみ着目したりすることが可能であるが，いずれも想定されるデータの範囲全てを上手にカバー

1.6 AIによるサービス　41

図 1.24 簡略化によって再現できない（説明できない）動作が生じてしまう

することは困難である．

　さらに，複数の AI を組み合わせたシステムを実務で使用する可能性もある．そうなると，AI 同士の相互作用も考慮しなければならず，ますます説明可能性の実現が困難になってくるが，説明可能性を放棄して良いとはなり得ないのである．

　この問題に対して EU では GDPR の条項をうまく利用して回避している．GDPR とは，EU 一般データ保護規則（General Data Protection Regulation）のことであり，2018 年 5 月 25 日から施行されている規則である．実は EU 国内での運用ではなく，EU 域内の国民の個人データの保護を全世界で守ることを他国にも要請している．

　話を戻すと，その GDPR の 22 条 1 項で「データ主体は，当該データ主体に関する法的効果を発生させる，又は，当該データ主体に対して同様の重大な影響を及ぼすプロファイリングを含むもっぱら自動化された取扱いに基づいた決定の対象とされない権利を有する」とされている．重要なのは後半の「もっぱら自動化された取扱いに基づいた決定の対象とされない」の部分である．これは，人間を介さず自動的に判断された内容に対して納得しない場合は従わなくて良い，と解釈される．つまり AI が勝手に判断したのであれば文句は言えるが，「人間が少しでも介入した場合」については，従わなければならないということになっている．AI システムを提供する側は，詳細な動作は置いておいて，「概要を説明する」という手段で介入することでクリアできるようになっ

42   第1章　人工知能（AI）技術

ているのである．

　それでは，概要として含めたほうが良い項目には何があるのか．これについては，アメリカの IEEE EAD（Ethically Aligned Desing）ver.2 に次のように示されている．

- AI システムを開発・運用する企業，及びその企業への出資者，学習のための教師データ提供者
- AI における学習で使われた教師データと AI システムが実際に使われたときに投入された入力データ
- AI システムの出力結果

これらを含める形で概要を説明するべきとされている．もしかしたら，日本的な考え方と相違するものも含まれているかもしれない．

（b）　アカウンタビリティ

　説明可能性について述べたが，欧米においては，説明するだけではなく，金銭的保証も必要であると考えられている．すなわち，「誰が」「どのように」責任をとるのかをはっきりと定義させておかなければならないという考え方である．これをアカウンタビリティと呼ぶ．

　例えば，EU の AI 倫理によれば，開発側の責任の取り方として金銭的保証を提案すること，人種差別的結果が出た場合は最低限謝罪は必要であることが述べられている．また，IEEE の EAD ver.2 によれば，もしも開発者だけが悪いとしたならば，開発者が萎縮してしまい，技術の発展を阻害するため，出資者，運営者，設計者，開発者，利用者など，関与している者すべてで責任を分配すべきである旨が書かれている．

　一方，日本においては，アカウンタビリティ＝説明責任に帰着することが多い．つまり，なにか問題が発生した場合は，その原因をしっかりと説明しなければならない，という考え方である．おそらく，これを読んでいる読者にも，何か問題が発生したときに，責任者等が出てきてしっかりと説明してくれれば納得するという場合も多いのではないかと思う．政治の世界でも，説明責任を追求することが多い．そして，説明責任ということで，AI のデータの流れを説明しておけば問題ないと考えてしまう場合も多々ある．

　実際にはそこから裁判沙汰になる可能性もある．そうなれば，被害者が納得の行く説明をした結果，示談に落ち着く可能性もある．ただし，ここまで何度

も述べているように，利用者が納得するような説明というのは困難である場合が多い．したがって，金銭的補償を用意しておくのが現実的であり，出資者，運営者，設計者，開発者，利用者など全関与者で責任を分配するのが賢い選択なのである．

ところで，この責任分配のメンバーの中に，「利用者」も含まれていることに違和感を持つかもしれない．AIシステムを利用した結果，納得行かない問題が生じたとして，利用者も責任を分配されるのはなぜか．それは，複雑なAIサービスを理解せずに使用したことによる損害も考えられたり，利用者が使用中のパソコンやスマートフォンなどのデバイスに，搭載されているAIソフトウェアが必要としているアップデート等を行わないことによる損害も考えられるからである．また，利用しているうちにAIモデルのオンライン学習等で，利用者のデータを教師データとして取り込み，その結果システムの機能が更新されることも考えられ，その場合は，利用者も教師データの提供者と同一になり，AIモデルの動作に関与していると考えられるからである．

このあたりは，日本における従来の考え方とは異なるかもしれないが，欧米ではこのような考え方に基づいて対応がなされているのが実際である．

(c) 　透明性と信頼性

機械学習に限らず，いわゆるビッグデータを扱う場合は，1個のデータを構成する要素数が多い（次元数が多い）ことが普通であり，それを人間の手でデータ分析することは非常に難しい．そこで，ビッグデータの解析には機械学習等の手段が用いられることが多い．

例えば，ビッグデータを扱う事例としてバスケット解析がある．バスケット解析とは，買い物客がバスケット（ショッピングカート）に入れているもの，すなわち一緒に購入しているものを解析することで，何か法則性を見つける手法である．実際，1992年頃のアメリカで，スーパーマーケットで大量の購買履歴を分析したところ，一見関連性のないビールと紙おむつを同時に買う人が多いことがわかった．そこで，商品の配置を変更して，ビールと紙おむつをそばに置いたところ，実際にどちらも売上が増加したという結果が得られた．同様の例としては，「ジュースと咳止め薬」，「化粧品とグリーティングカード」，「キャンディとグリーティングカード」などの組み合わせもある[28]．

これらの組み合わせは，理由を考えてみると確かに理解できそうなものでは

44 第 1 章 人工知能（AI）技術

あるが，ビッグデータを用いた解析は，なぜそういう結果が出るのかわからない例というのは多い．なぜなら高次元のデータを扱うシステムは，中身が複雑であることが多く，人間が見ても簡単に理解できないからである．例えばニューラルネットワークについてはすでに述べた通り，大量のニューロンの結合があり，その枝に割り当てられた重みを見たとしても，動作を理解することは専門家でも難しい．第一次 AI ブームや第二次 AI ブームにおいては，if-thenルールがベースになっていて，人間にとっても理解しやすいものであったが，近年の技術は決してそうではない．このように，入力に対して適切な出力を示すが，中身（仕組み）がわからないという状態を，ブラックボックス化と言う．機械学習は，しばしばブラックボックス化であるとされ，説明可能な AI が求められていることは先に述べた通りである．

ところで，AI システムに対するユーザの信頼を得るために必要なものに，「透明性」がある．ブラックボックス化とは真逆であることは，言葉からもわかると思う．そして，透明性のために必要なものを考えたときに，次の 2 点が最低限必要であるとされている．

- AI が結果を導き出すプロセスに関する理解可能な表現
- システムによって生じた不利益を保証する運用や運営に関わる法的責任者の存在

これらが得られれば透明性が得られると考えられている．そして，透明性が保証された上に，何か問題が生じたときの説明責任や金銭的補償等のアカウンタビリティがあることで，はじめて AI システムに対する信頼性，すなわちトラストが得られるとされている（図 1.25）．したがって，AI を用いたシステムを運用する際には，最低限これらに含まれている要素を準備することが必要となる．

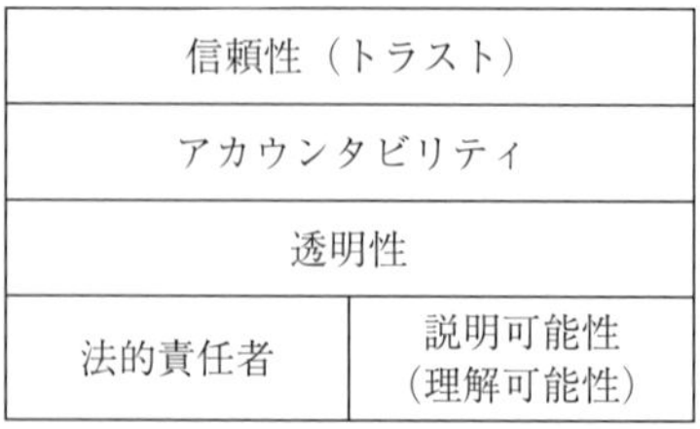

信頼性（トラスト）	
アカウンタビリティ	
透明性	
法的責任者	説明可能性 （理解可能性）

図 1.25 トラストなシステムのために必要なもののイメージ図

(d) バイアス

AIシステムのトラストのために最低限必要なものは上で述べた．ただし，それらはあくまでシステムを利用する上で最低限用意されていなければならないものであり，実際に信頼できるシステムと言うためには他の要因も関係してくる．その一つが「公平性」である．

AIのシステムは，事前に各種データを用いて学習した状態である．しかし，もしもAIのシステムが出力する結果に何かしらの偏りが生じていたとしたら，利用者からの信頼性は得られない．そのときに重要となるのがバイアスと呼ばれるものであり，データを集める時点で偏りを生じさせてしまう「データバイアス」や，偏ったデータを用いて学習することでAIが偏った結果を出すようになる「アルゴリズムバイアス」がある．バイアスを生じさせる例として，例えば次のようなケースが考えられる．

1. 入社試験において，採用の可否を判断するためのAIを作成するために，現在と過去の社員のデータを収集して学習させた．しかし，これまでの社員は男性がほとんどであったため，男性のほうが良いスコアとなるようなAIになってしまった．

2. 特定の人種に関するデータが極端に少なかったため，学習済みのモデルでその人種のことを動物と判断してしまった．

実は上のケースはどちらも実際にあったもので，どちらも倫理的に問題があるため，使用中止になっている．いずれも，学習データに偏り（データバイアス）があったことから，得られたAIモデルが偏った出力をするようになってしまった（アルゴリズムバイアス）例である．

公平な処理をすることが保証されていなければ，システムのトラストは得られない．したがって，バイアスには気をつけなければならない．

ただし，公平性の確保は簡単な話ではない．AIに限った話ではなく，例えばある会社では大規模大学であるA大学出身の社員が小規模大学であるB大学出身の社員よりも優れた業績を出しているという認識をもっていたため，採用試験ではA大学の学生に対して無条件で20点の加算をしていたと仮定する．しかし，実はこの会社がそもそもB大学出身の社員に対して差別的な扱いをしていたことで，自然と重要な業務がA大学出身の社員に割り振られ，その結果としてA大学出身の社員が良い業績をだしていたことが判明したとする．この

とき，どのようにすれば公平性を担保できるのか．

第1案として簡単に思いつくのは，A大学のプラス20点を廃止するという案である．しかし，それだけで本当に公平性を担保できるのであろうか．A大学は大規模大学であることからそもそも学生数が多く，それに比例して優秀な人材の数も多いと考えられる．そうなると，A大学の学生とB大学の学生が同じ条件で争った場合に，B大学の学生は不利にならないのであろうか．

それでは第2案として，応募者数に比例した採用者数にすれば良いという案はどうか．この場合，A大学もB大学も採用試験を受けた人数に対して同じ比率で採用される．しかし，そうなると優秀な人材の数も多いA大学の学生は不利にならないのであろうか．

また，第3案として，これまでA大学の学生を多くとっていたことで，B大学出身の社員が少ないことを考慮し，A大学学生とB大学学生の数が均等になるように採用枠を設けるのはどうであろうか．（このように差別的な扱いで不利益を生じていた現状を解決するためにとられる暫定的な措置を，アファーマティブ・アクションと呼ぶ．）

公平性を担保するための案はいろいろと考えられるが，真の公平性とは意外と難しいものである．近年は，アファーマティブ・アクションが取られることが比較的多いようであり，例えば大学の工学部の入試において，女性枠が設定されるのが良い例である．

1.7 人類のためのツール

AIは，ものすごい速度で進化を続けている．しかし，技術力の向上にまかせてAIの能力を向上させていくことは良いことなのであろうか．2019年3月，内閣府はAIをより良い形で社会実装し，共有するために，「人間中心のAI社会原則」を公開しており，その中で，「AI社会原則並びにまた開発者及び事業者が考慮すべきAI開発利用原則」として次の7原則を定義している[29]．

- 人間中心の原則
- 教育・リテラシーの原則
- プライバシー確保の原則
- セキュリティ確保の原則
- 公正競争確保の原則

- 公平性，説明責任及び透明性の原則

- イノベーションの原則

この原則の基本理念には，人間の尊厳が尊重される社会，多様な背景を持つ人々が多様な幸せを追求できる社会，そして持続性ある社会を実現していくべきであることが挙げられており，基本原則もそれに則ったものとなっている．そのため，あくまで人類がより良い未来に向けて進んでいくためのツールの一つとして，AIを活用する必要があるというスタンスである．

ところで，かつてはAIの技術が指数関数的に進歩したとき，ある時点で爆発的にその能力が増大して，人間の知能をはるかに上回るAIが誕生する，と言われていた．これをシンギュラリティ（特異点）と呼ぶ．

2016年に，未来生命研究所が公開したアシロマAI原則では次の項目が含まれており，これらは，まさにシンギュラリティを念頭においた文言のように感じられる．

項目10 自動的なAIシステムは，目標と行動が倫理的に人間の価値観と一致するようデザインすべき．

項目22 あまりに急速な進歩や増殖を行うような自己改善，または自己複製するようにデザインされたAIは，厳格な安全，管理対策の対象にならなければならない．

現在でも，シンギュラリティの可能性が否定されたわけではないが，近年ではその可能性はまだまだ先のことであると考えられている．さらには人間の脅威となるようなAIの実現性に懐疑的な意見も出ており，AI脅威論は次第に弱まっているようである．

いずれにしても，人類全体が進むべき道を切り開くためのツールとして，AIの能力が向上するのは歓迎されることであり，また，人類全体でその恩恵を受けることが期待される．そのためにも，AIに関して，しっかりとした知識を身につけ，AIとの適切に関係を築き上げていくことが利用する者全員に求められている．

1.8　まとめ

第1章では，AIの歴史等を学び，現在のAI技術の主流であるニューラルネットワークについて，その構造や学習方法について学んだ．ニューラルネッ

トワークは，人間の神経細胞，すなわちニューロンのモデルでネットワークを組んだもので，その中の重みを調整することが学習であることを述べた．また，AI を搭載する各種サービスの概要を見ていくとともに，それらの判断に対して消費者が納得がいかない可能性もあるため，その対策の一つとしてトラスト，すなわち信頼性を保証する必要があることを述べた．

　まだまだ人工知能技術は発展途上であり，人間の能力に追いつくことはないと考えられるが，あくまでも人工知能は人間が便利に過ごすためのツールであり，利用の仕方を誤らないように，しっかりとした知識をもって開発および利用する必要がある．

2

情報セキュリティ概論

　IoT やビッグデータが世の中で多く用いられている現代，多くの機器がインターネットに接続され，そして多くの情報が管理されている．そこで重要となるのが情報セキュリティである．第 2 章では，情報セキュリティに関する技術や脅威について学ぶ．

　なお，一部は攻撃に関する内容も含んでおり，故意・過失に関わらず他人の持ち物に対して試せば多大な被害をもたらすことになる．刑法，民法，各種条例に背くことになる可能性もあるため，決して他人の所有物に対して試すことがないように気をつけてほしい．どうしても試してみたい場合は，自身で用意した環境で，インターネットを含む他人が管理するネットワークから切断した上で実験をしなければならない．

2.1　増え続ける脅威

　現代社会は多くの情報システムによって成り立っている．例えば，銀行口座にアクセスするための ATM や，電子マネーによる支払いなど，日常生活の多くの場面で情報システムに触れる機会がある．情報システムは，その名の通りあらゆる情報を扱うシステムであり，必要なときに必要な情報へアクセスすることができる便利なシステムである．しかし，それと同時に大切な情報が，不正に漏洩することがあってはならないし，故意・過失に関わらずデータが消失してしまうことがあってはならない．このように，情報をあらゆる脅威から守ることを情報セキュリティと呼ぶ．情報システムの敵，すなわち情報セキュリ

ティを脅かす存在として，すぐに思いつくのはサイバー攻撃等の悪意を持った人による攻撃である．事実，日常的に多くのサイバー攻撃が行われている．図 2.1 は，情報通信研究機構（NICT）が研究開発している NICTER と呼ばれるシステムで観測された IP アドレス 1 個あたりのサイバー攻撃関連の通信パケット数[30] をグラフにしたものである．

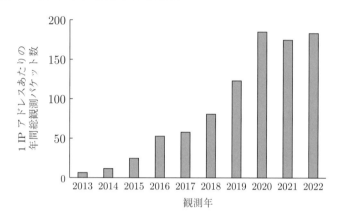

図 2.1 1IP アドレスあたりのサイバー攻撃関連観測パケット数（NICTER 観測レポート 2022[30] を基に筆者が作成）

NICTER は未使用の IP アドレスを観測することで，無差別型サイバー攻撃の大局的な動向を把握できるシステムである．かつては，サイバー攻撃の対象は大企業や政府等が多かったが，無差別攻撃についても近年はこのような増加傾向にあることがわかる．

表 2.1，表 2.2 は，それぞれ IPA が公開した 2024 年の個人および組織に対する情報セキュリティ 10 大脅威である．これは 2023 年に発生した社会的に影響が大きかったと考えられる事案から検討されている．なお，今回から個人向け脅威は順位付けがなくなっている．個人にとっての脅威では，インターネット上のサービスへの不正ログインをはじめ，初選出から毎回ランクインしている脅威が 10 件中 8 件を占めている．10 大脅威は，前年に発生した事案を基に決められていることを考えると，被害がなくなる兆候がないということを意味している．ワンクリック請求等の不当請求による金銭被害は，2 年連続 4 回目ということで，被害が少なそうに感じるが，しばらく 10 大脅威からはずれていたものが，10 大脅威 2023 から再びランクインし，今回もランクインしてい

表 2.1 IPA の情報セキュリティ 10 大脅威 2024 [個人][31] より筆者が作成

脅威名	初選出年	選出回数
インターネット上のサービスからの個人情報の窃取	2016 年	5 年連続 8 回目
インターネット上のサービスへの不正ログイン	2016 年	9 年連続 9 回目
クレジットカード情報の不正利用	2016 年	9 年連続 9 回目
スマホ決済の不正利用	2020 年	5 年連続 5 回目
偽警告によるインターネット詐欺	2020 年	5 年連続 5 回目
ネット上の誹謗・中傷・デマ	2016 年	9 年連続 9 回目
フィッシングによる個人情報等の搾取	2019 年	6 年連続 6 回目
不正アプリによるスマートフォン利用者への被害	2016 年	9 年連続 9 回目
メールや SMS 等を使った脅迫	2019 年	6 年連続 6 回目
詐欺の手口による金銭要求		
ワンクリック請求等の不当請求による金銭被害	2016 年	2 年連続 4 回目

選出回数は 2016 年以降を対象

表 2.2 IPA の情報セキュリティ 10 大脅威 2024 [組織][31] より筆者が作成

順位	脅威名	初選出年	選出回数
1 位	ランサムウェアによる被害	2016 年	9 年連続 9 回目
2 位	サプライチェーンの弱点を悪用した攻撃	2019 年	6 年連続 6 回目
3 位	内部不正による情報漏洩	2016 年	9 年連続 9 回目
4 位	標的型攻撃による機密情報の窃取	2016 年	9 年連続 9 回目
5 位	修正プログラムの公開前を狙う攻撃	2022 年	3 年連続 3 回目
6 位	不注意による情報漏洩等の被害	2016 年	6 年連続 7 回目
7 位	脆弱性対策の公開に伴う悪用増加	2016 年	4 年連続 7 回目
8 位	ビジネスメール詐欺による金銭被害	2018 年	7 年連続 7 回目
9 位	テレワーク等のニューノーマルな働き方を狙った攻撃	2021 年	4 年連続 4 回目
10 位	犯罪のビジネス化（アンダーグラウンドサービス）	2017 年	2 年連続 4 回目

選出回数は 2016 年以降を対象

ることから，再び注意を払う必要がある．

　一方の組織にとっての脅威では，9 位以上が 2022 年に引き続きランクインしている．3 位の標的型攻撃による機密情報の窃取は，2013 年以降 2 位以上をキープしていたが，今回，サプライチェーンの弱点を悪用した攻撃に抑えられ

52 第 2 章 情報セキュリティ概論

て 3 位になっており，それほどサプライチェーンを狙った攻撃が増えているということがわかる．

このような状況の中，さまざまな脅威から情報資産を守らなければならない．そこで，次に情報資産に対する各種脅威について整理をしておく．

2.2 脅威の分類

情報資産に対する脅威は，人的脅威，技術的脅威，物理的脅威の 3 種類に分けられる．

2.2.1 人的脅威

人的脅威は，情報資産を扱う人自身やその周囲の人，およびそれを狙う人等による脅威であり，技術的には決して高い方法ではないが，人の油断等につけこむものもあり，注意が必要である．例えば次のようなものがある．

(a) 漏洩

例えば終わらなかった仕事を自宅で行う等の目的のために，業務ファイルをUSB メモリ等の外部記録媒体に保存して持ち出すことは情報の漏洩にあたる（もちろん，自宅への持ち帰りが許可されている場合は除く）．外部へ情報を持ち出す際には規則を確認したり許諾をとったりすることが必要である．

また，仲の良い友人と会話をする中で，業務上知り得た情報を話してしまうことも情報の漏洩である．

(b) 紛失

外部へ情報を持ち出す許諾を得たとして，それを持ち運ぶ最中に，保存していた USB メモリを乗車中の電車の中に置き忘れてしまったりすることを，紛失と言う．物理的に紛失することだけではなく，例えばパソコンのファイルを誤って削除してしまった場合も，紛失として扱われる．

(c) 破損

シュレッダーにより資料を裁断してしまうことを破損と呼ぶ．また，パソコン上のファイルを操作ミス等で開けなくなってしまうことも，同様に破損として扱われる．紛失と違い，何かしらの情報が記録されていたものが手元に残っていたとしても情報を閲覧できなくなっている状態を指す．

(d) 盗み見

資料を閲覧しているときに，他の人が横から覗くことで情報を盗まれてしまうことを指す．資料だけではなく，例えばパソコンであるサービスにログインしようとアカウント情報を入力しているときに，後ろから肩越しに画面またはキーボードを見ることでアカウント情報を盗まれてしまう「ショルダーハック」にも気をつけなければならない．

(e) 盗聴

情報セキュリティの分野で盗聴と言った場合には，基本的に音声ではなく電気信号として盗まれてしまうことを指す．無線通信を使用しているときに通信電波を傍受されたり，有線通信をしているときに通信データを盗まれたりすることを指す．

(f) なりすまし

不正に取得したアカウントを用いて，他人が不正にログインし，本人のふりをしてサービスを利用することを言う．システム上は正規のアカウントでログインされているため，不正に気づきにくい．

(g) 誤操作

例えば非公開にするはずの情報を，サーバの設定ミス等により外部から閲覧可能になっている等，誤操作によって情報が漏れてしまうような自体を指す．

(h) ビジネスメール詐欺

ビジネスメールを装った詐欺のメールを送り，閲覧者が誤ってリンクをクリックしたり現金を振り込んだりするものである．近年は，まず不正アクセスにより，過去のメールのやり取りや取引先のメールアドレスを調べておき，実際のやり取りされているビジネスメールに続くような詐欺メールを送ることで，偽物のメールと気づかれにくくするような手段も取られるようになり，気がつきにくくなっている．

2.2.2 物理的脅威

物理的脅威は，コンピュータ等の端末自体に対する脅威であり，例えば次のようなものがある．

（a） 災害

地震や雷，水害，火災等によって，データを保存していた端末またはその記憶媒体が使用不可になってしまう可能性がある．地震であれば耐震マット等で転倒防止をしたり，雷であればサージ電流を遮断するような電源タップを使ったりといった，事前の対策が重要となる．

（b） 破壊行為

ハンマー等で物理的に破壊してしまうようなケースである．不審者が侵入できないようにセキュリティゲートを設置したり，防犯カメラ等の警備体制を強化したりといった対策が考えられる．

（c） 妨害行為

通信回線を遮断されたりすることで，情報システムの稼働が止まってしまうようなケースである．不審者が侵入できないようにセキュリティゲートを設置したり，通信回線を複数契約しておくなどの対策が考えられる．

2.2.3　技術的脅威（マルウェア）

一般的に，マルウェアやサイバー攻撃やウイルス感染といったものが技術的脅威である．人的脅威と比較すると，高度な技術によってセキュリティを脅かすものである．マルウェアは，悪意のある（Malicious）ソフトウェア（Software）という意味の言葉であり，例えば情報の流出を狙ったものであったり，情報の破壊を狙ったものであったり，さらには他端末への攻撃への加担を狙ったものであったりする．多くの亜種が存在し，すべてを把握することは非常に困難なことである．ここでは代表的なマルウェアについて紹介する．

（a） ボットネット

ボットとはロボットの略であり，感染した端末は遠隔操作される．感染者の端末が遠隔操作されるということは，大切な情報が漏洩してしまったり，システムファイルを壊されたりする可能性はもちろんのこと，他人への攻撃のための踏み台（攻撃者を突き止めにくいように，別の端末から攻撃を行うこと）にされる可能性もある．

実際に，多くの端末をボットに感染させて，それらでネットワークを組んだ「ボットネット」として構成させ，本当の攻撃対象の端末に向けて一斉攻撃を仕掛けるように指示をするような攻撃手法がある．その一つがMiraiボットネッ

トである.

2016 年 9 月にアメリカのセキュリティブログ Krebs On Security に対して DDoS 攻撃を仕掛けており, 約 18 万台の機器が一斉に攻撃をすることで, 通信量が最大で 620 Gbps に達していた. さらに, Mirai の開発者はソースコードをインターネット上で公開 [32] したため, それを用いて同年 10 月にドメイン登録サービスプロバイダ Dyn を停止させるほどの大規模攻撃を仕掛けている. この攻撃により, 例えば Twitter (現在の X) や PlayStation Network など, 日本でもよく利用されるサービスが使用不可になった [33]. その後も Mirai ボットネットによる攻撃は度々生じている.

Mirai は, IoT デバイスで用いられる ARC と呼ばれる CPU を搭載する機器をネットワーク上から探す. 見つけた場合は辞書攻撃やパスワードリスト攻撃 (59 ページ) でログインを試みる. 例えば防犯カメラやルータ, 家電等の IoT デバイスはパスワードを変更せずに使用されていることも多く, パスワードリスト攻撃が有効であることが多い. ログインに成功した場合, Mirai に感染させる. 感染したデバイスは, ボット本体をダウンロードし, C2 サーバ (Command and Control Server) と呼ばれる攻撃者がデバイスと通信したり制御したりするサーバへ登録する. あとは C2 サーバからの指示に従って攻撃に加担する. 実は, Mirai に感染したデバイスの電源を入れ直したりリセットをすると感染状態から解放されるが, IoT 機器の用途的に電源を入れたまま放置している場合も多く, 感染台数が増えていったと考えられる.

利用している IoT 機器がこういったボットネットに感染してしまうと, 知らない間に攻撃者へ加担してしまう事態も考えられる. そうならないためにも, 例えば利用開始時に初期パスワードを変更したり, 頻繁にアップデートを確認したり, 使わなくなったデバイスはネットワークから切り離しておいたりといった対策をしておかなければならない.

(b) スパイウェア

感染すると, スパイのように身を潜め, 情報を収集して外部へ送出する. 例えば端末に保存されているパスワード情報やクレジットカード情報, メール等の情報等を創出される. しかし, 目に見える被害がすぐに生じるわけではないため, 気づくのに時間がかかる場合も多い.

また, 端末の使用者に許可をとり, 動作している場合もある. 例えば, ユー

56 第2章 情報セキュリティ概論

ザがよく閲覧する Web ページの情報を送出することで，Web ページに表示される広告の内容を決定するような仕組みが存在する．

　最近の事例でいうと，Google Play ストアに公開されている Android 用アプリの 101 のアプリにスパイウェアの機能を持つ Android.Spy.SpinOk というモジュール（プログラムの部品）やその亜種が含まれており，累計で 4 億回以上ダウンロードされている [34] ことがわかった．ただし，これは氷山の一角であると思われ，もっと多くのスパイウェアが身近なところに潜んでいると考えたほうが良い．

(c)　ランサムウェア

　保存されているファイルを暗号化して開けなくした上で，復号するための身代金を要求する攻撃手法である．2017 年にランサムウェアの一種の WannaCry が世界中で大規模な被害をもたらしてその存在が知れ渡った．

　ランサムウェアは不特定多数に行う「ばらまき型攻撃」もあるが，特定の組織等を狙う「標的型攻撃」も多い．また，近年はランサムウェアをサービスとして提供している例もあり，攻撃をしたいと思っているものに技術的知識がなかったとしても，ランサムウェアによる攻撃をサポートするという恐ろしい事態になっている．

(d)　ワーム

　自己増殖機能をもつウイルスの総称．他のファイルに寄生する必要はなく，単体で活動をする．自己増殖（自己複製）は，メールやネットワーク，共有フォルダや USB メモリ等で行われる．例えば，メールであれば，感染者のパソコン内にあるアドレス帳を検索し，そこに保存されているメールアドレス宛に自身を添付したメールを送信することで増えていく．

(e)　トロイの木馬

　トロイの木馬型のウイルスは，他のファイルに寄生することなく単体で活動する．ただし，正常なプログラムを装うことで，気づかれにくくしており，ひっそりと攻撃を続けるようなプログラムである．感染に気づきにくいため，被害が広がりやすい．近年では，2014 年に検知され始めた Emotet と呼ばれるマルウェアが元々トロイの木馬として開発されたプログラムである．

(f)　マクロウイルス

表計算ソフトや文書作成ソフトなどの Office 製品が持つマクロと呼ばれるプログラム機能を悪用したウイルスである．マクロ自体は通常の業務ファイル等でも用いられていることもあり，発見が難しく，誤って実行してしまうことで，被害を拡大させてしまう．

通常は，マクロを含んだファイルを開いたときに，マクロを有効にするかどうかの確認メッセージが表示されるため，信頼できるファイルである場合のみ有効にするべきである．

(g)　**RAT**

Remote Access Trojan や Remote Administration tool などの略称であり，プログラムの目的によって若干名称が異なるが，総じて遠隔操作を行うためのプログラムである．ボットも同じく遠隔操作を目的としたマルウェアであるが，どちらかというとボットは不特定多数の端末に対して単純なコマンドを実行するために使用され，RAT は特定の端末を狙い撃ちにして，細かな操作（例えば特定のファイルを操作したり，カメラを監視したり）をするために使用される．

Android アプリに潜伏させていることもある．特に GooglePlay ストアからのダウンロードではなく，Web サイト経由で直接 apk ファイル（Android アプリの本体）をダウンロードして使わせるように誘導されている場合は注意が必要である．

(h)　キーロガー

キーボードの入力の記録（ログ）を取るためのものである．キーボードをパソコンにつなげるケーブルの部分に挟む物理的なキーロガーや，プログラムとして起動していて入力されたキー入力を記録していくソフトウェアのキーロガーがある．キーロガーが有効なときに，オンラインバンクなどにアクセスするために入力したアカウント情報が記録され，攻撃者に収集されてしまう．

キーロガー対策としては，ソフトウェアキーボードといって，画面上のボタンをクリックして入力する仮想的なキーボードを利用する方法があり，実際にオンラインバンクのログインシステムではソフトウェアキーボードを使うサイトもある．

例えば不特定多数の人が使用可能なパソコンがおかれているインターネットカフェ等では，USB 型のキーロガーが仕込まれていた事例もあり，気をつけ

58 第2章 情報セキュリティ概論

なければならない．もちろん，ソフトウェアで提供されるキーロガーの場合は
見た目で気づきにくいため，普段使用しているパソコン以外では重要な情報を
入力しない等の対策も取ったほうが良い．

(i) バックドア

外部から不正侵入をするために，あらかじめコンピュータに用意しておく通
信データの出入り口のこと．一般的に，コンピュータへの侵入は難しいことが
多く，攻撃者は苦労して不正侵入を試みるが，バックドアを設置しておくこと
で，容易に不正侵入ができるようになる．

一度不正侵入を成功させたときに，次回以降の侵入を容易にしたりする目的
で，バックドアを設置されることが多い．

(j) ルートキット

管理者権限を奪取するためのソフトウェア群であり，データの盗聴やバック
ドアの生成，ログの改ざんなど，さまざまな不正アクセスのツールをパッケー
ジングしたものである．

(k) バッファオーバーフロー

通常，コンピュータでプログラムが実行されると，基本ソフトウェア(Operating
System, OS) からメモリ領域が割り当てられ，その領域内でさまざまな処理を
行う．メモリは，プログラムの本体が格納されるコード領域，離れた場所にあ
るプログラムを実行するために別の場所へジャンプした CPU が戻り先をメモ
しておくためのスタック領域，計算用のデータ等が格納されるヒープ領域があ
る．このスタック領域とヒープ領域をあわせてバッファと呼ぶ．バッファオー
バーフローとは，バッファが溢れてしまうという意味であり，大量のデータを
バッファに書き込むことで，確保していた領域を超えてしまうことを言う．

例えば，ヒープ領域に対するバッファオーバーフロー攻撃の例を紹介する．
翻訳プログラムを作り，入力された翻訳元の文章を保存するための場所として，
ヒープ領域内に 256 バイトを確保したとする．しかし，プログラムのミスで，
そこに 300 バイトを書き込んでしまうとどうなるのであろうか．実は，300 バ
イトのうち書き込む場所に収まる 256 バイトだけが保存されるわけではなく，
溢れた 44 バイトもそのままメモリ上に書き込まれる場合がある（図 2.2）．も
しも溢れた場所に別のデータが書き込まれていた場合は，上書きされてしまい，
本来プログラムで使用するデータが使えなくなってしまう．

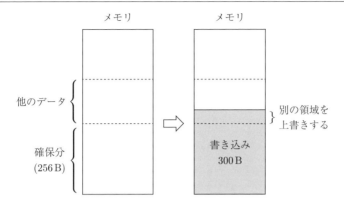

図 2.2 確保した領域以上のデータが書き込まれる様子

次に，スタック領域に対するバッファオーバーフロー攻撃の例を紹介する．通常，各種プログラムは OS によって動作が制御されており，順次処理をするタイミングで呼び出される．呼び出されたプログラムが終了したら，呼び出し元に処理を戻す必要があるため，初期処理として，戻り先となるメモリ内の場所（リターンアドレス）がスタック領域に保存される．先のヒープ領域に対する攻撃と同じ容量で大量のデータを書き込むことで，スタック領域に保存されたリターンアドレスが上書きされてしまう．適当なデータで上書きされたときはエラーとなってしまうが，もしも悪意のあるプログラムが読み込まれた場所がリターンアドレスの部分に書き込まれてしまった場合，OS から呼び出されたプログラムが終了した段階で，悪意のあるプログラムが実行されることになる（図 2.3）．

2.2.4 技術的脅威（サイバー攻撃）

次に，高い技術を持った攻撃者による不正アクセス等のサイバー攻撃について，代表的なものを紹介する．例えば次のようなものがある．

（a） パスワードクラッキング

ログイン用のパスワードを盗み出す攻撃である．いくつかの手法があるが，例えばすべての文字の組み合わせを一つずつ使ってログインを試みる総当たり攻撃（ブルートフォース攻撃），単語帳の語句を組み合わせてログイン試行をする辞書攻撃，パスワードとしてよく使われるものや，その組み合わせを用い

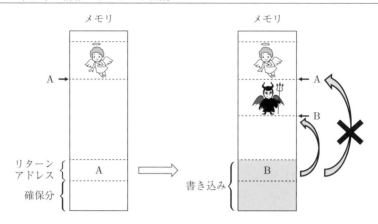

図 2.3 スタック領域へのバッファオーバーフロー攻撃によってリターンアドレスが悪意のあるプログラムの場所に書き換えられる様子

てログイン試行をするパスワードリスト攻撃などがある．

また，パスワード付き圧縮ファイルに対して，パスワードクラッキングにより情報を盗み出すというケースもある．ログインシステムの場合は，ログイン試行回数に制限をかけている例も多く，辞書攻撃等を試みられる可能性は低いと思われるが，ファイルの場合はローカル（攻撃者自身の PC 内）で何度でもパスワードクラックの試行ができるため，パスワードをランダムな文字列にしたり，アルファベットだけではなくアルファベットの大文字・小文字・数字・記号などを混ぜたり，文字数を長くしたりする必要がある．

なお，類似の攻撃にリバースブルートフォース攻撃がある．これは，ログイン試行回数の制限が設けられているようなシステムに対して有効な攻撃手法であり，パスワードは固定にしたままユーザ名を 1 文字ずつずらしてヒットするユーザ名とパスワードのペアを見つける攻撃手法である．一般的にはパスワードの試行回数には制限があっても，ユーザ名の試行回数には制限がない場合も多く，そこに着目した攻撃手法である．対策はパスワードの失敗に限らず，同一 IP アドレスからのログイン失敗を制限する方法がある．

いずれにしても，ログイン用のアカウント情報というのは決して他人にバレてはいけないものであり，特にパスワードは誰にも推測されないような不規則な文字列にしたり，パスキー方式の認証を選択したり，多要素認証を有効にしたりといった対策が必要である．

(b) クロスサイトスクリプティング

Web のフォーム等を用いて情報を入力するような Web サイトにおいて，悪意のあるスクリプト（プログラム）を潜ませておいて，そこへアクセスしにきたユーザのブラウザ上で実行させる攻撃である．特に，ユーザが入力した内容を表示するようなインターネット掲示板やショッピングサイト等で行われやすい攻撃である．

例えば，掲示板に，「この画像はすごいよ」という文言と不正な Web サイトへのリンクを埋め込んでおき，あとからアクセスした人がそのリンクをクリックすることで不正な Web サイトへ誘導させたりする．また，不正なリンクの埋め込みだけでなく，例えばアラートウィンドウを画面に表示するスクリプトを埋め込んでおけば，その Web サイトへアクセスしたユーザの画面にアラートウィンドウを表示させ，操作を妨害すること等も可能である．

(c) ドライブバイダウンロード攻撃

ドライブバイダウンロード攻撃とは，ある Web サイトを閲覧するだけで，勝手にマルウェアがダウンロードされるように設定する攻撃手法である．基本的に不特定多数の端末を狙う場合に使われる手法である．ドライブバイダウンロード攻撃を仕掛けた Web サイトを準備しておけば，あとは閲覧者が自動で集まり，マルウェアを持っていくため，水飲み場型（水を飲みに来た獲物を狙うために，水飲み場で待っておくという考え方）攻撃の一種である．

例えば，攻撃対象者の PC に忍び込むのは難しいことが多いため，ドライブバイダウンロード攻撃でマルウェアをダウンロードさせてマルウェアの配布を行う．ダウンロードしたユーザが誤ってマルウェアを起動すると，攻撃者の端末に自動で接続を開始し，それが RAT であれば，リモート操作されることになるし，ボットであれば，踏み台にされる可能性もある．

ただし，多くのファイルはウイルス対策ソフトをインストールしておけば検出して隔離してくれる．「見覚えのないファイルは開かない」「ウイルス対策ソフトをインストールする」ということを守っていれば基本的には被害を避けることができる．

(d) SQL インジェクション攻撃

大量の情報を効率よく管理できるデータベース管理システムでは，SQL という言語を用いてデータの読み書きをするものが多く使われている．SQL イ

62 第2章 情報セキュリティ概論

ンジェクションは，データを読み込んだり，データを書き込んだりする SQL
の命令を不正に実行する攻撃である．ユーザアカウントを管理しているデータ
ベースであれば，アカウント情報が漏洩したり，お店の予約情報を管理してい
るデータベースであれば，勝手に予約情報を書き換えられたりする．

　例えば，SQL には

SELECT * FROM テーブル名 WHERE 条件;

という命令（クエリと呼ぶ）がある．これは，データベースに登録されたテー
ブル（表計算ソフトの表を思い浮かべてほしい）から，WHERE の右に書いた
条件（WHERE 句）を満たすデータを探す命令である．

　これを用いると，簡単なパスワード認証が可能になる．つまり，ログイン画
面にユーザ名欄とパスワード欄を用意しておき，あるユーザがユーザ名欄に
'alice'，パスワード欄に 'pa55w0o1' と入力したとする．その場合，アカウン
ト情報を登録したデータベースに対して，

SELECT * FROM USERS WHERE NAME='alice' AND PASSWORD='pa55w0o1';

という SQL クエリを実行する．すなわち，USERS というテーブルの中から，
NAME が 'alice' かつ PASSWORD が 'pa55w0o1' であるデータを探す．この
クエリに対してデータが見つかれば，そのユーザ名とパスワードの組である
ユーザが存在することになるため，ログイン成功とみなす（図 2.4）．実際の処
理はこれほど単純ではないことが普通であるが，基本的なイメージはこの通り
である．

　SQL インジェクション攻撃では，この SQL クエリに少し変更を加えて

SELECT * FROM USERS WHERE NAME='' AND PASSWORD='' OR 1=1;

というクエリを実行させる．WHERE 句を確認すると，NAME が空欄かつ
PASSWORD が空欄という絶対に満たされない条件に見えるが，それに加え
て「OR 1=1」，すなわち「または 1 が 1」という条件がある．1 という数字は
必ず 1 であるということは誰も疑う余地がない真実である．つまり，データ
ベースに登録された各データについて，ユーザ名とパスワードについては一致
することはなくても，1 が 1 であるという条件を満たせば（そして実際満たさ
れる）そのデータは条件を満たすことになる．したがって，すべてのデータが
WHERE 句の条件を満たし，必ずログインが成功する（図 2.5）．

ログイン

```
ユーザ名 alice
パスワード pa55w0rol
ログイン
```

⇩ `SELECT FROM USERS WHERE NAME='alice' AND PASSWORD='pa55w0rol';`

id	name	password
0	root	toor	⇐ ⊗
1	alice	pa55w0rol	⇐ WHERE 句を満たす
2	bob	09012345678	⇐ ⊗

⇩

ヒットしたデータが存在
→ログイン成功！

図 2.4 SQL クエリによる単純なパスワード認証の例

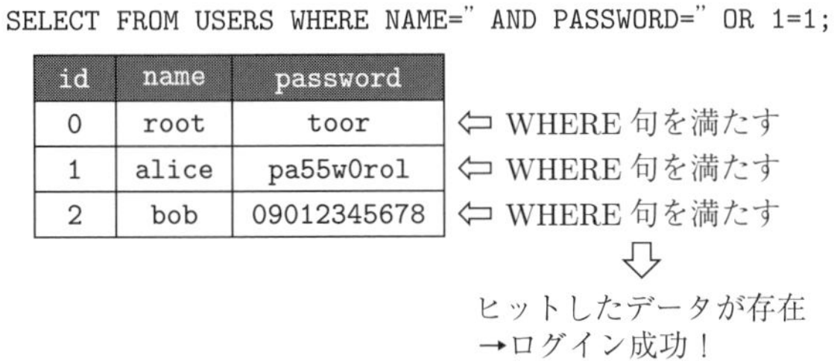

`SELECT FROM USERS WHERE NAME='' AND PASSWORD='' OR 1=1;`

id	name	password
0	root	toor	⇐ WHERE 句を満たす
1	alice	pa55w0rol	⇐ WHERE 句を満たす
2	bob	09012345678	⇐ WHERE 句を満たす

⇩

ヒットしたデータが存在
→ログイン成功！

図 2.5 SQL インジェクションにより常に成り立つ式が与えられ，全てのデータが条件を満たす結果となる

　もちろん，これほど単純なユーザ認証の処理をしているサイトはほぼないが，同じような考え方で，攻撃者は不正な SQL クエリを実行してログインをしようと試みる．当然，SQL インジェクション攻撃が成立するには，通常実行される SQL クエリの内容を攻撃者に都合が良いように書き換える必要がある．したがって対策としては，SQL クエリの不正な書き換えが生じないように，怪しい入力を無効化するという方法が考えられる．

(e)　OS コマンドインジェクション攻撃

　Windows や Mac OS，Linux，Android，iOS など，各種端末を動かすために必要となる基本ソフトウェアである OS は，すべてコマンドで操作を行うことができる．普段はマウス等で操作をしている Windows 等でも，コマンドの実行が可能である．

64 第 2 章 情報セキュリティ概論

OS コマンドインジェクションは，例えば Web アプリケーション経由で不正に OS のコマンドを実行する攻撃である．

Web アプリケーションであれば，通常は Web サーバ等の端末上で動いているが，ユーザはあくまで Web アプリケーション上の操作ができるだけである．それを不正な方法で Web アプリケーションを通して Web サーバ（コンピュータ）のコマンドを実行することで，例えば不正に情報を読み込んだり，バックドアを仕掛けたり，セキュリティを緩めたりできる．

(f)　DNS キャッシュポイズニング攻撃

Web サイトへアクセスするときは，google.com のようなドメイン名でアクセスすることがほとんどであるが，実際にはインターネット上の特定のサービス（を動かしているサーバ等）へアクセスするには IP アドレスを指定しなければならない．しかし，IP アドレスは 192.168.1.1 などの 4 組の数字であり，人間にとっては覚えにくいものであるため，Google の Web サーバの IP アドレスを常に把握している人は稀である．また，当然利用するサービスは Google だけではないはずであり，IP アドレスを記憶するという手段は現実的ではない．

一方，人間は意味のある英単語であれば比較的覚えることも可能である．そこで，例えば Google の Web サーバは www.google.com，Yahoo の Web サーバは www.yahoo.co.jp というようなホスト名やドメイン名で指定をする仕組みが整っている（ちなみに www がホスト名，その後ろがドメイン名である）．ただし，送信先は IP アドレスでの指定をしなければならないというルールは変えられないため，ドメイン名から IP アドレスに変換をする（この処理を名前解決と呼ぶ）仕組みが必要である．それを担っているのが DNS（Domain Name System）サーバである．

例えば，図 2.6 は，パブリック DNS サーバと呼ばれる DNS サーバ（8.8.8.8）に対して，google.com というドメイン名に対応する IP アドレスを問い合わせている様子である．

DNS サーバには，特定のドメインがもつ IP アドレスを管理している権威 DNS サーバと，自身は特定のドメインの情報を管理せず，ユーザ端末等からの問い合わせに応じて他の権威 DNS サーバ等からの情報を調べて返すためのキャッシュ DNS サーバがある．図 2.6 で「権限のない回答」となっているのは，問い合わせた google.com というドメインの権威 DNS サーバではない，

図 2.6 DNS サーバに対して google.com に対応する IP アドレスを問い合わせている様子

という意味である．

キャッシュ DNS サーバは過去の問い合わせの結果を保持しておくこともできるため，自身のネットワークから物理的に近い場所や接続時間の短い場所に置いておくことで，各種サーバへのアクセス速度が向上することも見込める．

DNS キャッシュポイズニングとは，キャッシュ DNS サーバに対して特定のドメイン名に対応する偽の IP アドレスを教えることで，それ以降，そのドメイン名の名前解決をしにきた端末へ偽の IP アドレスを広める攻撃である．フィッシング詐欺などと組み合わせることで，ユーザは正しい URL でアクセスしていても，実際にアクセスしている先は偽の Web サイトである，という状況が生まれる．

(g) **DoS 攻撃**

Denial of Service 攻撃の略で，大量のアクセスをサーバへ送ることで，サーバが処理不能になってダウンしてしまうことを狙った攻撃である．サーバ自体のスペックによって，どの程度のアクセスでダウンするのかが決まる．したがって，攻撃の意図がなくても頻繁にアクセスすると，ダウンさせてしまうことがあるため注意が必要である．

(h) **DDoS 攻撃**

Distributed Denial of Service 攻撃の略で，DoS 攻撃と同様に大量のアクセスをサーバへ送ることで，サーバを処理不能にする攻撃である．

DoS 攻撃は，基本的に 1 台の端末から大量のアクセスを行うことで攻撃をするが，DDoS 攻撃は，踏み台である大量の端末から一気にアクセスすることで攻撃をする．

(i)　DRDoS

Distributed Reflection Denial of Service 攻撃の略で，送信元 IP アドレスを攻撃対象者に偽って（IP スプーフィングと言う），別のサーバ等へアクセスすることで，応答メッセージをすべて攻撃対象者へ向かって返させる攻撃である．乗っ取る必要もなく，さらに増幅攻撃と言って送信したメッセージよりも応答メッセージが長くなるような通信によって，効率よく攻撃対象者へデータを送りつける攻撃も可能である．

2.3　情報セキュリティの要素

情報セキュリティ，すなわち，情報資産をあらゆる脅威から守るためには，どのようなことに気をつけなければならないのか．日本工業規格では，満たすべき情報セキュリティの要素がいくつか示されている．

2.3.1　3 要素

JIS Q 27000 規格 [35] では，次のように定まっている．

> 3.28 情報セキュリティ（information security）
> 情報の機密性，完全性，及び可用性を維持すること．

情報セキュリティとは，機密性（Confidentiality），完全性（Integrity），可用性（Availability）を維持することと定められている．これを情報セキュリティの 3 要素と呼ぶ．また，それぞれの英単語の頭文字をとって，情報セキュリティの CIA と呼ぶこともある．それぞれの特性について紹介する．

(a)　機密性

情報の機密性とは，許可されていない人に，情報を使用させたり，閲覧させたりしないという特性である．紙の資料であれば，鍵で施錠できる場所に保存しておき，閲覧可能な人物のみ鍵を所有し，閲覧できる状態である．また，パソコンであれば，アクセス権を正しく設定することで，許可されたアカウントのみ閲覧できる状態である．

(b)　完全性

情報の完全性とは，閲覧した情報が完全である，すなわち改ざんされていたり，壊れていないという特性である．常に正しい情報へアクセスができるとい

うことを示す.

(c) 可用性

情報が使いたいときに，使えるという特性である．例えば金庫の中に重要な資料を入れて施錠し，その鍵を処分してしまえば，誰も改ざんできなくなる．しかし，いざその資料を閲覧しようとしたときに鍵がなければ閲覧することができない．これでは，情報の意味がなくなってしまう．そこで，許可された人が閲覧したいと思ったときに，きちんと閲覧できるようにしておかなければならない．

2.3.2 7要素

JIS Q 27000 規格 [35] によって，情報セキュリティの 3 要素が定義されていることはすでに述べたが，実は定義文に次のような注記がある．

3.28 情報セキュリティ（information security）
情報の機密性，完全性，及び可用性を維持すること．
【注記】
さらに，真正性，責任追跡性，否認防止，信頼性などの特性を維持することを含めることもある．

---

3 要素に追加されている真正性，責任追跡性，否認防止，信頼性も含んで，情報セキュリティの 7 要素と呼ぶ．追加された 4 つの特性について紹介する．

(a) 真正性

情報の機密性は，許可された人物やアカウントのみが情報を使用したり閲覧したりできるという特性であったが，情報の真正性では，その人物やアカウントが確かに本物であるという特性である．

例えばあるファイルへの閲覧権限をもっているアカウントを盗み出した人が，そのアカウントで不正にログインをして，ファイルへアクセスしたとする．この場合，閲覧権限があるアカウントからのアクセスであるため，機密性は問題ないが，真正性が維持できていない．

(b) 責任追跡性

情報に誰がいつどのような手順でアクセスしたのかを記録しておき，あとから問題があったときに，原因等を解明するために過去に遡って確認ができると

いう特性である．電子ファイルであればアクセスログを保存しておいたり，紙媒体の資料であれば閲覧履歴等を保存しておいたりすることで維持できる．

(c) 否認防止

情報に対して何か問題が生じたときに，情報へのアクセスや機器の操作等を事実であるとして否定できないようにする特性である．誰がいつどのようにアクセスをしたのか，確たる証拠を示すことで否認防止を維持できる．責任追跡性と密接に関わってくる．

(d) 信頼性

情報に対する処理が，意図した通りに行われるという特性である．情報の閲覧をするときや，更新をするとき等には，情報システムが各種処理を行っているが，ソフトウェアのバグ等で情報が誤ったものに書き換えられたり，または誤った情報が表示されたりしないということを表わす．

当たり前の特性であるように思えるが，例えば 2023 年にはマイナンバーカードを使ってコンビニエンスストアで住民票を発行したところ，別人のものが発行された例 [36] などがある．

2.4 まとめ

第 2 章では，情報セキュリティに関して扱った．現代は，セキュリティ上の脅威が非常に多く存在し，また誰もが狙われる可能性があることを学んだ．情報資産を管理する場合は，脅威から各種情報を守るために，機密性，完全性，可用性の 3 要素または真正性，責任追跡性，否認防止，信頼性もあわせた 7 要素をしっかりと意識して，管理をする必要がある．またサービスの利用者は，事業者が情報セキュリティの 3 要素や 7 要素をしっかりと維持できているのか確認してから，自身の情報の提供をしなければならない．

情報を守る側と脅かす側の攻防は基本的にいたちごっこであり，新たな脅威がどんどん生み出されていく．常に知識をアップデートして，自分の情報は自分で守るという意識を持つことが大切である．

3

暗号化技術

　情報セキュリティの3要素である機密性を実現する一つの方法として暗号化技術が挙げられる．なぜなら，暗号化によって復号方法を知る者のみが内容を理解できるようになり，それ以外の者は内容を知ることができないためである．また，もしもデータが攻撃者の手に渡ってしまったとしても，暗号化していれば，簡単には解読できないため，データ流出時に備えた保険にもなる．

　そこで，第3章では暗号化技術について学ぶ．暗号化を考える上で，メッセージのやり取りなどの通信をベースに考えたほうが理解しやすいため，ここではメッセージのやり取りをテーマにする．ただし，メッセージのやり取りがなく，保存しているデータに対して暗号化をする場合においても基本的な考え方は同じである．

3.1　基礎知識

　暗号化の技術を学ぶ前に，いくつか基礎的な知識を紹介する．

3.1.1　2進数の演算（AND/OR/XOR）

　2進数で表わされた数値は，0と1のみの羅列であり，加減算等の演算が可能である．それに加えて，AND/OR/XORなどの演算を行うことができる．なお，ここでは2つの数値の演算のみ扱う．

　まず，AND演算は0または1の数（これをビットと呼ぶ）が2個あったときに，どちらも1であれば1となり，それ以外は0となる演算である．つまり，

次のような演算になる.

$$0 \ \text{AND} \ 0 = 0$$
$$0 \ \text{AND} \ 1 = 0$$
$$1 \ \text{AND} \ 0 = 0$$
$$1 \ \text{AND} \ 1 = 1 \tag{3.1}$$

桁数が 2 桁以上の場合は,各桁でビット同士の比較を行う.

$$
\begin{array}{r}
10100110 \\
\text{AND)} \quad \underline{01101101} \\
00100100 \quad \leftarrow \text{演算結果}
\end{array}
$$

次に,OR 演算は,ビット同士を比較して,どちらも 0 であれば 0 となり,それ以外は 1 となる演算である.また,桁数が 2 桁以上の場合は,各桁でビット同士の OR 演算を行うのは AND 演算と同じである.

$$0 \ \text{OR} \ 0 = 0$$
$$0 \ \text{OR} \ 1 = 1$$
$$1 \ \text{OR} \ 0 = 1$$
$$1 \ \text{OR} \ 1 = 1 \tag{3.2}$$

最後に,XOR(eXclusive OR)演算は,ビット同士を比較して,等しければ 0,等しくなければ 1 とする演算である.桁数が 2 桁以上の場合は,各桁でビット同士の XOR 演算を行う.

$$0 \ \text{XOR} \ 0 = 0$$
$$0 \ \text{XOR} \ 1 = 1$$
$$1 \ \text{XOR} \ 0 = 1$$
$$1 \ \text{XOR} \ 1 = 0 \tag{3.3}$$

暗号化技術では,この中でも特に XOR 演算を用いることが多い.それは,同じ数値を 2 回 XOR 演算することでもとに戻る性質があるからである.例えば $A = 1011$,$B = 0101$ としたとき,A と B を XOR 演算すると $A \ \text{XOR} \ B = 1110$ となり,さらにもう一度 B を XOR 演算すると,$(A \ \text{XOR} \ B) \ \text{XOR} \ B = 1110 \ \text{XOR} \ 0101 = 1011$ となるため,A と一致している.つまり,A に対して B を XOR することで数値が変化し,もう一度 B を XOR することで数値が元に戻ることが,ちょうど暗号化と復号の関係に近いため,利用しやすいのである.

3.2 暗号化技術の歴史

　暗号化技術の歴史は非常に古く，紀元前にガイウス・ユリウス・カエサルが暗号を使用していたという記録がある．その後，特定の相手とだけメッセージのやり取りを行えるため，主に軍事用途として発展をしてきた．そのような中，Auguste Kerckhoffs は，1883 年に発表した論文 [37] において，「暗号方式は，秘密であることを必要とせず，敵の手に落ちても不都合がないこと」と述べている．また，アメリカの数学者である Claude Shannon も，「敵はシステムを知っている（"the enemy knows the system"）」と述べており，どちらも，たとえ暗号化のアルゴリズムを隠していたとしても，時間が経てば敵がそのアルゴリズムを入手する可能性も高いため，もしも敵に知れ渡ったとしても安全な暗号化方式でなくてはならない，ということを表している．暗号化のアルゴリズムが漏洩したとしても安全に用いることができるべきであるという考え方をケルクホフスの原理と呼ぶ．

　それを受け，暗号化方式は徐々に暗号化のアルゴリズムは公開した上で，さらに暗号を解くための鍵を通信者同士で共有する方式にシフトしていった．1970年代頃までの主に軍事目的で使用していた暗号化技術を古典暗号と呼び，それ以降の暗号化技術を現代暗号と呼び古典暗号は暗号化のアルゴリズムを非公開にして用いるのに対し，現代暗号は暗号化のアルゴリズムを公開して用いる．具体的に代表的な暗号化方式としては，次のようなものがある．

1. 古典暗号
   - (a) 転置方式（アナグラムなど）
   - (b) 換字方式（シーザー暗号など）
2. 現代暗号
   - (a) 共通鍵暗号方式（AES 暗号など）
   - (b) 公開鍵暗号方式（RSA 暗号など）

3.3 古典暗号

　まずは，古典暗号の代表的なものについて紹介する．なお，暗号分野では次の言葉をよく使うため覚えておくと良い．

72　第3章　暗号化技術

平　文　暗号化する前の文章
暗号文　暗号化した後の文章
復　号　暗号文を平文に戻す行為

3.3.1　アナグラム

アナグラムとは，文字を並び替えることで，元の文をわからなくする方法のことである．別の意味になるように並び替えることもある．例えば，次のようなものがある．

- **平　文**　REPEATING HELLO
  暗号文　A TELEPHONE GIRL
- **平　文**　WORTH TEA
  暗号文　HOT WATER

3.3.2　シーザー暗号

ガイウス・ユリウス・カエサルが使用していたことから，シーザー暗号（ユリウス：Julius は英語読みでシーザー）と呼ばれる．一定の文字数だけすべてずらしたものを暗号文として用いる．シーザーは，アルファベットを3文字ずらしたものを用いていた．似たような暗号化方式として，13文字ずらすROT13という暗号化方式などが知られている．

- **平　文**　REPEATING HELLO
  暗号文　UHSHDWLQJ KHOOR
- **平　文**　WORTH TEA
  暗号文　ZRUWK WHD

3.3.3　転置方式の解読

転置方式の暗号文があり，それを権限がない人が解読することを考える．転置方式は，文の文字数が N 文字であるとき，$N!$ 通りの変換が考えられる．すなわち，$N!$ 通りすべてを調べれば，いつかは意味がわかる文章になって復号完了となる．ただし，複数の文を作ることができる場合もある．例えば，暗号文が「RIGNLEO PHLAEET」であるとしたら，すべての組み合わせを調べるうちに，「REPEATING HELLO」や「A TELEPHONE GIRL」という文が出てきて，情報がこれだけであれば，どちらが本物の平文なのかは判断できない．

昔は手作業で全組み合わせを調べることは困難であったが，現代では，コンピュータを使えば簡単に調べることができるため，重要な情報を隠すための暗号文としては使えない．

3.3.4　換字方式の解読

換字方式の暗号文があり，それを権限がない人が解読することを考える．シーザー暗号のような，一定数だけ文字をずらすタイプの場合は，全体を 1 文字ずつずらしていけば，アルファベットであれば 26 文字ずらすまでに意味の通る文章が出現する．

一定数だけ文字をずらすのではなく，何かしらの対応表を用いて換字を行う単純な換字方式であれば，平文の文字候補が N 文字，換字後の文字の候補が M 文字であるとき，その変換の組み合わせは全部で M^N 通りの変換が考えられる．ただし，異なる文字は必ず異なる文字に変換するという制約があれば $M \times (M-1) \times \cdots (M-N+1)$ 通りである．したがって，それだけの数をしらみつぶしに調べれば良い．

なお，文章がある程度長い場合は，頻度分析という手法も使用可能である．頻度分析とは，文章中に現れる文字の傾向を用いて推測をしていく方法である．例えば，英語の文章であれば，アルファベットが ETAONISHRDLICMWF-GYPBVKJXQZ の順に出やすい（頻度が高い）ことが知られている．また，2 文字で考えたときは，TH, HE, IN, ER, AN, RE, ON, AT, EN, ND の順に出やすいし，3 文字で考えたときは，THE, AND, ING, ION, ENT, TIO の順に出やすい．単語の区切りがわかっているときは，THE, OF, AND, TO, A, IN, AT, IS, I の順に出やすい．他にも，連続で使用される文字は ee や oo の可能性が高く，色々な文字と組み合わさっている文字は母音の可能性が高い，などの傾向がある．ただし，あくまでその傾向があるというだけであり，文章によって頻出文字は変わる．

3.3.5　バーナム暗号

バーナム暗号は，1917 年に Gilbert Vernam によって考案された暗号方式であり，古典暗号に分類されることもあるし，現代暗号に分類されることもある．バーナム暗号では，送信したいメッセージ A（2 進数で N ビットとする）に対して，同じビット長の真性乱数 N を用意して，XOR 演算を行ったものを

74   第3章　暗号化技術

暗号文 C とする．ここで，真性乱数は一切の傾向がなく誰にも予想ができない正真正銘のランダムな数値列のことである．

$$
\begin{array}{rcl}
\text{メッセージ } A & = & 01000100110110110010 \\
\text{XOR)} \quad \underline{\text{真性乱数 } B} & = & \underline{11010001010000101110} \\
\text{暗号文 } C & = & 10010101100110011100
\end{array}
$$

　なお，真性乱数は通信のたびに新しいものに変えなければならないが，それによりバーナム暗号が解読不可能であることを，Claude Shannon が数学的に証明[38] している．しかし，伝えたい内容と同数の真性乱数を事前に通信相手と共有しておかなければならないことから実用には耐えない．

3.4　現代暗号（共通鍵暗号方式）

　暗号化の歴史は，攻撃者による暗号文の解読と暗号アルゴリズムの改良とのイタチごっこを繰り返していたが，やがてコンピュータの発達により，攻撃者にとっては非常に有利な状況となり始めた．そこで，解読するために膨大な時間が必要となり実質的に不可能な（つまり計算量的安全性をもつ）暗号化アルゴリズムや，解読に必要な情報が不足することでいくら高性能なコンピュータがあっても解読が実質的に不可能な（つまり情報量的安全性をもつ）暗号化アルゴリズムが求められるようになり，古典暗号から現代暗号へと変化してきた．

　現代暗号は，暗号化アルゴリズムは公開した上で，通信相手だけが復号できる仕組みが必要である．すなわち，公開されている暗号化アルゴリズムとは別に，通信相手以外は知り得ないような情報（「鍵」と呼ぶ）が必要となる．現代暗号では，その「鍵」を用いて暗号化や復号を行う．

　共通鍵暗号は対称鍵暗号とも呼ばれ，送信者と受信者が同じ鍵（共通鍵）k をあらかじめ共有しておく．そして，送信者は共通鍵 k を用いて暗号化することで暗号文を作成する．一方の受信者は共通鍵 k を用いて復号することで，平文を入手する．暗号文を送信している途中で，攻撃者が盗聴したとしても，共通鍵を持っていないため，復号できない（図 3.1）．

　例えば，古典暗号のシーザー暗号の場合は，ずらす文字数を送信者と受信者とであらかじめ決めておく．したがって，シーザー暗号を共通鍵暗号と考えれば，共通鍵 k はずらす文字数ということになる．

3.4 現代暗号（共通鍵暗号方式）

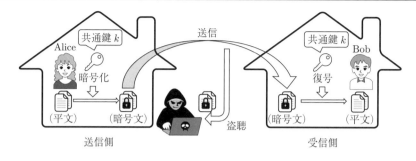

図 3.1 共通鍵暗号方式のイメージ図

現代暗号の共通鍵暗号方式として，まずはストリーム暗号を紹介する．

(a) ストリーム暗号

ストリーム暗号は，平文を 1 ビットずつ（あるいは 1 バイトずつ）順次暗号化していく手法であり，復号する側も，受信した暗号文を 1 ビットあるいは 1 バイトずつ逐次復号していくことができるため，送信側も受信側もデータが揃うまでの待ち時間が必要ない．

平文のビット列を $m = (b_1, b_2, \ldots)$，鍵のビット列を $keys = (k_1, k_2, \ldots)$ としたとき，暗号文のビット列 $c = (c_1, c_2, \ldots) = (b_1 \oplus k_1, b_2 \oplus k_2, \ldots)$ を生成する．ここで，$\oplus$ はビットの XOR 演算を表している．この流れを図 3.2 に示す．

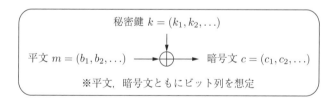

図 3.2 ストリーム暗号の流れ

平文と XOR 演算をする鍵 k には疑似乱数を使用する．真性乱数が正真正銘の乱数で予測することが完全に不可能なもの（74 ページ）であったのに対し，疑似乱数とは，特定のアルゴリズムで生成する数値の列で，一見すると乱数のようではあるが，長期間使用すると，繰り返しが発生する（周期性があると言う）ようなものである．

ところで，平文とおなじビット数の乱数を使って暗号化する方式はすでに紹

76   第3章 暗号化技術

介したバーナム暗号とほぼ同じである．異なる部分は，擬似乱数なのか真性乱数なのかという部分である．バーナム暗号は解読不可能であったが実用的ではないと紹介した．それは，真性乱数をあらかじめ共有しておく必要があったからである．それに対して，擬似乱数は擬似乱数生成器によって生成できるため，すべての乱数を事前に共有しておく必要はない．それでは，どのようにして送信者（暗号化）と受信者（復号）とで，同じ擬似乱数を発生させるのであろうか．実は，擬似乱数の生成器は，シード値（初期値）を与えることで，初期値に応じた擬似乱数を生成する仕組みになっており，同じシード値に対しては必ず同じ擬似乱数を生成する．そこで，送信者と受信者とで，そのシード値を共有しておき，互いに暗号化や復号をするときに各自で擬似乱数を生成すると，まったく同じ擬似乱数を生成できることになる．したがって，この場合の共通鍵は，擬似乱数の生成器に渡すシード値 k ということになる．

　ストリーム暗号を用いた例として，RC4（Rivest's Cipher 4）がある．RC4は，鍵長を 40〜2048 ビットから自由に設定することが可能なストリーム暗号である．しかし，脆弱性が指摘され，数時間程度で暗号が解かれてしまうことがわかっている．身近なところでは，無線通信の暗号化方式であるWEP,WPA,WPA2 で採用されている．WEP では RC4 がそのまま使用されているが，WPA や WPA2 では RC4 の脆弱性を受けて鍵が定期的に変更される TKIP という方式とセットで用いることになっている．ただし，最新の暗号化方式である WPA3 では完全廃止となっている．

　その他にもストリーム暗号が存在するが，安全性の検討があまり進んでいないのが現状である．

（b）　ブロック暗号

　ストリーム暗号では，1 ビットまたは 1 バイトずつ順次暗号化していく方式であったが，ブロック暗号は，複数ビット（複数バイト）ごとに暗号化を行う方式である．平文 m を n ビット，鍵 k を l ビット，暗号文 c を n ビットとすると，図 3.3 のような流れで暗号化や復号が行われる．

　暗号化では，共通鍵 k を用いた暗号化関数 E_k により平文 m から暗号文 c を生成し，復号では，秘密鍵 k を用いた復号関数 D_k により暗号文 c から平文 m を生成する．

　代表的なブロック暗号としては，DES（Data Encryption Standard）があ

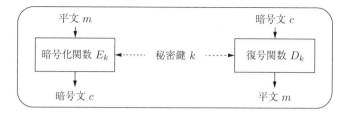

図 3.3 ブロック暗号の流れ

る．DES は，米国政府標準として暗号化アルゴリズムが募集され，IBM による暗号化アルゴリズム DEA（Data Encryption Algorithm）が採用されたものである．ブロック長が 64 ビット固定，すなわち平文 m は 64 ビットごとに暗号化され，鍵長は 56 ビットであった．

しかし，コンピュータの進歩とともに安全性が低下したため，DES による暗号化を 2 回繰り返す 2DES（Double DES）が用いられるようになった．2DES は鍵長が 112 ビットになる．しかし，例えば平文 A および A を 2DES で暗号化した暗号文 C_2 が手元にある場合，適当な共通鍵候補 k' を使って A を暗号化したものと，k' を使って C_2 を復号したものとを比較して，一致することを確認すれば共通鍵候補 k' が実際に使用されている共通鍵であることが確定する．これを中間一致攻撃と呼ぶ．すなわち，DES と 2DES は暗号化の強度的にはほとんど変わらないということになる．

そこで，DES を 3 回繰り返す 3DES（Triple DES）が用いられるようになった．しかし，処理に時間がかかることがネックであった．現在では効率的な攻撃方法も知られており，2030 年までに使用を中止することがアメリカ国立標準技術研究所 NIST（National Institute of Standards and Technology）により推奨されている．

(c) AES

米国政府の標準として，DES に代わる暗号化方式 AES（Advanced Encryption Standard）を募集した結果，2000 年に Rijndael（ラインダール）が採用された．現状では暗号化強度が非常に高いアルゴリズムとして知られており，さらに特許等も絡んでいないことからあらゆるところで使用されている．例えば，無線通信の暗号化方式 WPA, WPA2, WPA3 でも使用されており，さらにハードディスク等のストレージを暗号化するときにも使用されることがある．

ブロック長は 128 ビットであり，鍵長は 128 ビット，192 ビット，256 ビットから選択することができる．ブロックごとに置換や並び替えといった簡単な処理を複数セット繰り返す構成になっている．

(d) 暗号利用モード

DES のブロック長は 64 ビットであるから，64 ビットのメッセージを暗号化できる．同様に AES のブロック長は 128 ビットであるから，128 ビットのメッセージの暗号化ができる．しかし，通信内容は 64 ビットや 128 ビットに限られず，もっと多くのデータを送信することがほとんどである．そのようなとき，どのように暗号化や復号をするのかということを定めたのが，利用モードである．ここでは代表的なモードの紹介を行う．

ECB モード

最も単純な方式が ECB（Electronic CodeBook）モードである．平文を n ビットずつに分割し，それぞれを並列に暗号化する．その結果を単純結合することで，暗号文が生成できる（図 3.4）．

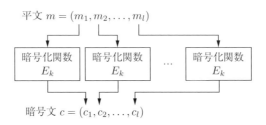

図 3.4 ECB モードの動作の流れ

この方式は，n ビットずつに分割した平文をそれぞれ並列に（同時に）暗号化できるため，処理速度が高速になることである．しかし，単純に平文を分割したものを暗号化し，さらに単純に結合しただけであることから，別の暗号文との入れ替えが可能である．すなわち，yes という意味をもつ暗号文 c_y と no という意味をもつ暗号文 c_n とを事前に盗んでおいた攻撃者が，他人の通信内容 $c_1 c_2 \cdots c_y \cdots$ を $c_1 c_2 \cdots c_n \cdots$ に入れ替えることができるということである．また，あらかじめ入手しておいた暗号文は再利用可能であるため，yes という意味をもつ暗号文 c_y を一度入手できたら，任意のタイミングで c_y を使用することができる（リプレイ攻撃）．

CTR モード

ECB モードでは，ブロックの入れ替え攻撃やリプレイ攻撃が可能であったため，それらに対する耐性を持つモードとして CTR（Counter）モードがある．CTR モードでは，初期値 ctr が送信者と受信者とで共有されており，ctr に 1 ずつ加算をしながら暗号化関数 E_k によって暗号化する．そして，平文を ECB モードと同様に n ビットずつに分割して，それを E_k の出力と XOR 演算したものを単純結合して暗号文を得る．E_k を，入力が少しでも違うと出力が大きく変わる特性の関数であると仮定すれば（これを擬似ランダム置換であると言う），CTR モードがストリーム暗号のように振る舞うことがわかるかと思う（図 3.5）．

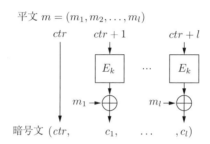

図 3.5 CTR モードにおける暗号化の流れ

CTR モードでは，初期値 ctr に 1 を加えていったものを E_k に入れるため，ECB モードと同様に，分割した平文の暗号化は並列処理が可能である．また，同じ平文であっても初期値 ctr が変われば対応する暗号文が変わるため，リプレイ攻撃ができないのは明らかである．また，同様の理由からブロックの入れ替え攻撃もできない．さらに，E_k の出力と XOR 演算をしているため，復号側ではまったく同じ関数 E_k を用いて ctr に 1 ずつ加算した値を暗号化したものでもう一度 XOR 演算をすることで（70 ページ参照）平文への復号が可能である（図 3.6）．ただし，平文の特定の 1 ビットを反転するような改ざんは容易にできるため注意が必要である．

CBC モード

CBC（Cipher-Block Chaining）モードは，数珠つなぎのように暗号化を行うモードである．まず，平文 m を n ビットずつに区切り $m_1, m_2, \ldots$ を得る．そして，m_1 を初期化ベクトル（n ビットの数値と同義である）と XOR 演算

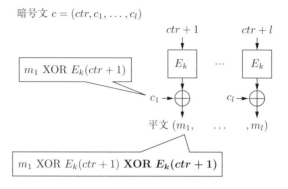

図 3.6 CTR モードにおける復号の流れ

し，暗号化関数 E_k に入力する．これで m_1 を暗号化した c_1 が得られる．そして，m_2 の暗号化では，今得られた c_1 と m_2 とを XOR 演算し，それを E_k に入れて，c_2 を得る．さらに，m_3 の暗号化では c_2 との XOR 演算をしてから E_k に入れる．これを繰り返して，最終的な暗号文が得られる（図 3.7）．

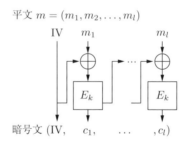

図 3.7 CBC モードにおける暗号化の流れ

この手法は，初期化ベクトルが異なることで同じ平文に対しても異なる暗号文を生成することから，CTR モードと同様にリプレイ攻撃やブロックの入れ替え攻撃に対して耐性がある．また，平文の特定の 1 ビットを反転させることは不可能である．なぜなら，平文の中の特定の 1 ビットのみを変えたとしたら，暗号化関数 E_k にそれが入力され，対応する暗号文が大きく変わってしまうはずである．すなわち，攻撃者は該当の 1 ビットを反転させたときの暗号文を推測することは困難である．

それでは，暗号文の 1 ビットがエラー等で反転した場合はどのような影響が

あるのであろうか．それを検証するために，復号の処理を考えてみる．暗号化関数 E_k に対応する復号関数 D_k を用いると次のように導出できる．

- $c_i = E_k(m_k \oplus c_{i-1})$　ただし c_0 は初期化ベクトルとする
- c_i を D_k に入力すると E_k の処理が相殺されるため，
- $D_k(c_i) = m_k \oplus c_{i-1}$
- さらに c_{i-1} と XOR 演算することで，
- $D_k(c_i) \oplus c_{i-1} = m_k$

したがって，復号処理は図 3.8 のようになる．

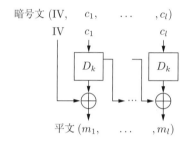

図 3.8 CBC モードにおける復号の流れ

ここで，c_1 が任意の 1 ビットを反転された c_1' に変わったとすると，復号して得られる平文 $m' = (m_1', m_2', \ldots)$ は次のようになる．

- $m_1' = D_k(\bar{c_1}) \oplus c_0 = \,?$
- $m_2' = D_k(\bar{c_2}) \oplus c_1' \neq m_2$
- $m_3' = D_k(\bar{c_3}) \oplus c_2 = m_3$
- $m_4' = D_k(\bar{c_4}) \oplus c_3 = m_4$

m_1' は復号関数 D_k にビット反転した c_1' を入れるため，擬似ランダム置換の性質により復号結果の m_1' は乱数となる．m_2' は，1 ビット反転した c_1' との XOR 演算となるため，m_2 の該当箇所 1 ビットが反転した m_2' が得られる（ただし，どのビットが反転したかは不明である）．m_3' 以降は，ビットエラーが生じていない暗号文 c_2 以降を用いるため，ビット反転の影響はない．すなわち，CBC モードを用いているときは，ビット反転エラーに対して，該当のブロックとその次のブロックが影響を受けることがわかる．

82 第3章 暗号化技術

(e)　共通鍵暗号の課題と DH 鍵共有

共通鍵暗号方式は，便利な暗号化方式ではあるが，実はどのようにして事前に共通鍵を共有するのかという大きな問題を抱えている．共通鍵を通信で渡すのは，攻撃者による盗聴のリスクもある．共通鍵が漏れてしまうと，すべての暗号文は容易に復号されてしまうため，暗号化の意味がなくなってしまう．

この問題は，鍵共有問題として知られている．この問題を解決する方法として，1976 年に Diffie と Hellman によって DH 鍵共有方式 [39] が提案された．DH 鍵共有方式は次の方法で共通鍵を共有する．ただし，式中で使われている $a \bmod b$ は，a を b で割ったあまりを求める計算を表わす．

1. 素数 p と p 未満の自然数 g を事前に設定
2. 誰にも教えない秘密の鍵 k_{s1} を生成
3. 他の人に公開する鍵 k_{p1} を生成（$k_{p1} = g^s \bmod p$）
4. 通信相手が公開している鍵 k_{p2} をもらう
5. 共通鍵を $k = k_{p2} \bmod p$ に設定する

例えば，Alice と Bob が通信をすることを考える．二人が使用している通信ソフトウェアでは，素数 $p = 7$ と自然数 $g = 3$ が設定されているとする．

まず，Alice は自身の秘密の鍵を $k_{s1} = 4$ と決める．そして，他の人に公開する鍵を計算すると $k_{p1} = 3^4 \bmod 7 = 81 \bmod 7 = 4$ となる．そこで，Alice は自身の公開する鍵が $k_{p1} = 4$ であることを周知する．

一方の Bob も計算を始める．まず，自身の秘密の鍵を $k_{s2} = 2$ と決める．そして，他の人に公開する鍵を計算すると $k_{p1} = 3^2 \bmod 7 = 9 \bmod 7 = 2$ となる．そこで，Bob も自身の公開する鍵 $k_{p2} = 2$ を周知する．

Alice は，通信相手の Bob が $k_{p2} = 2$ を公開したことを受けて，共通鍵 $k = 2^4 \bmod 7 = 16 \bmod 7 = 2$ と求まる．

一方の Bob も，通信相手の Alice が公開した $k_{p1} = 4$ を使用して，共通鍵 $k = 4^2 \bmod 7 = 16 \bmod 7 = 2$ と求まる．

このように，Alice も Bob も公開するための鍵のみを公開しているだけなのにも関わらず，まったく同じ共通鍵 $k = 2$ を手に入れることができた．秘密にするための鍵は二人とも渡していないため，安全である．

ちなみに，Charlie がこの二人の通信を傍受したとする．復号をするため

には共通鍵が必要である．そこで，Alice や Bob と同じように計算を試みる．Charlie は秘密鍵を適当に $k_{s3} = 3$ にして，Alice の公開鍵 $k_{p1} = 2$ を使って共通鍵を求めてみると，$k = 2^3 \bmod 7 = 8 \bmod 7 = 1$ となり，Alice と Bob の共通鍵が求まらないことがわかる．

このように，DH 鍵共有方式を用いると，安全に鍵の共有ができる．ただし，万全というわけではなく，特定の攻撃の影響を受けることもわかっているため，過信は禁物である．

ところで，DH 鍵共有方式の中で，秘密にしておく鍵や，公開するための鍵がある．前者を秘密鍵，後者を公開鍵といい，この考え方を基に，次の公開鍵暗号方式が確立した．

3.5 現代暗号（公開鍵暗号方式）

前章の DH 鍵共有方式に続いて，公開鍵暗号方式が提案され，現在主流の暗号化方式となっている．まずは，公開鍵暗号方式の概要について説明する．

共通鍵暗号方式の場合は，送信者と受信者との間で秘密の共通鍵を共有しておき，通信の際は共通鍵による暗号化，共通鍵による復号をそれぞれ行っていた．それに対して，公開鍵暗号方式では，暗号化と復号に別の鍵を使用する．

まず，メッセージの受信者は自身の公開鍵を外部に公開する．すなわち，送信者はもちろんのこと，攻撃者であっても公開鍵を知ることができる状態である．そして，メッセージの送信者は，受信者が公開している公開鍵で暗号化を行い，送信する．

受信者は，公開していない秘密鍵を使って復号をすることができる．一方の攻撃者は，送信されたメッセージを傍受したとしても，公開されている公開鍵では復号ができず，メッセージの内容を知ることができない（図 3.9）．

この通信の間，秘密鍵は外部に出ることがないため，安全が守られる．ただし，共通鍵と同様に，秘密鍵が一度でも外部に漏洩してしまうと解読されてしまうことにつながるため，秘密鍵の取り扱いには注意が必要である．

代表的な公開鍵暗号方式には RSA 暗号等がある．

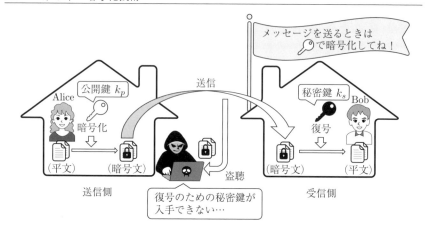

図 3.9　公開鍵暗号方式のイメージ図

3.5.1　RSA 暗号

1977 年，Rivest, Shamir, Adleman によって，RSA 暗号が提案された．RSA 暗号は，秘密鍵や公開鍵の生成時，暗号時，復号時にいろいろな計算をするが，すべて加減乗除の範囲で行うことができ，仕組み自体は簡単である．具体的に RSA 暗号方式の秘密鍵と公開鍵の生成手順を説明する．

1. 2 つの大きな素数 p と q を生成する
2. $n = pq$ を求める
3. $p-1$ と $q-1$ の最小公倍数を $\lambda(n)$ とする
4. $\lambda(n)$ との最大公約数が 1 となる e を 1 つ求める
5. $ed = 1 \pmod{\lambda(n)}$ となる d を求める
6. 公開鍵 $k_p = (n, e)$ とする
7. 秘密鍵 $k_s = (d, p, q)$ とする

RSA 暗号では，公開鍵は 2 つの数 n と e である．一方の秘密鍵は 3 つの数 d, p, q である．

手順を見ると，公開鍵はいずれも秘密鍵から生成しているようであるが，公開鍵から秘密鍵を求めることはできないのであろうか．実は，公開鍵 n が素数 p と q との積であるため，n を素因数分解できれば，p と q が求まる．さらに，p と q が求まれば，$\lambda(n)$ も求まり，d も求まる．しかし，実は非常に大きな数

n の素因数分解は困難であることが知られている．したがって，RSA 暗号は計算量的安全性を持つということになる．

次に，実際に RSA 暗号を用いてメッセージ m を送受信するときを考える．ここではメッセージ m を n 未満の整数であると仮定する．Alice が Bob へメッセージを送ることを仮定すると，まず Alice は Bob の公開鍵 (n_b, e_b) を手に入れ，暗号文 $c = m^{e_b} \mod n_b$ を求めて送信する．

一方の Bob は，受信した暗号文 c に対して，$m = c^{d_b} \mod n_b$ を計算することで平文を手に入れる（図 3.10）．

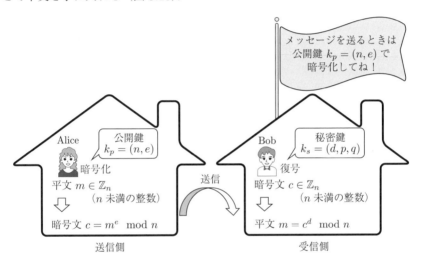

図 3.10 RSA 暗号方式によるメッセージのやり取りの概要

それでは，攻撃者が復号することはできないのであろうか．攻撃者は Bob の公開鍵は知ることができる．ただし，秘密鍵は一切外部に出てこない情報であるため，手に入れることができない．攻撃者は暗号文 c を手に入れる．復号するには d_b と n_b が必要である．n_b は公開鍵であるため，すでに手元にある．残りは d_b であるが，d_b を求めるには p と q が必要であるが，公開鍵 n は大きすぎて素因数分解できない．したがって，攻撃者が復号することは不可能である．

3.6 ハイブリッド暗号方式（共通鍵暗号と公開鍵暗号）

共通鍵暗号方式と公開鍵暗号方式の紹介をしたが，決してどちらかがすべてにおいて優れているというわけではなく，一長一短である．

共通鍵暗号方式は，送受信側ともに同じ鍵を使用しているためわかりやすく，また暗号化や復号にかかる時間も少なくて済む．ただし，事前に鍵を共有しておく必要があるため，不特定の相手との通信は苦手である．

一方の公開鍵暗号方式は，暗号化用の公開鍵を公開しておくことで鍵の共有が不要になり，秘密鍵は一切外部に送信しなくて良いため安心である．しかし，共通鍵暗号方式と比較すると暗号化や復号の計算に時間を要する．

そこで，それぞれの長所を活かしたハイブリッド暗号方式も存在し，次のような手順で通信を行う．ただし，Alice が Bob に対して，ハイブリッド暗号方式でメッセージを送ると仮定している．

1. Alice は共通鍵でメッセージを暗号化して暗号文を生成する
2. Alice は Bob の公開鍵を手に入れる
3. Alice は Bob の公開鍵で共通鍵を暗号化する
4. Alice は暗号化した共通鍵と暗号文を Bob に送信する
5. Bob は受信した暗号化済共通鍵を自身の秘密鍵で復号して，共通鍵を手に入れる
6. Bob は手に入れた共通鍵で暗号文を復号し，メッセージを手に入れる

ハイブリッド方式の代表例としては，HTTPS 通信がある．HTTPS 通信は，Web ページの閲覧を行う HTTP 通信に，暗号化方式の一つである SSL/TLS を併用した方式で，暗号化通信を行う際に，Web サイトの閲覧側（ブラウザを起動しているコンピュータ）が共通鍵を生成し，さらに共通鍵をサーバ側の公開鍵で暗号化して渡している．サーバ側はそれを秘密鍵で復号し，それ以降は渡した共通鍵で通信を行う．

3.7 攻撃手法

暗号化されたメッセージに対する攻撃，すなわち暗号化メッセージの解読や共通鍵/秘密鍵の入手については，直接攻撃，既知平文攻撃，選択平文攻撃，選

択暗号文攻撃に分類される.

　直接攻撃は，暗号文のみが手元にある状態でその解読を試みる攻撃である.
暗号文だけで解読するため，もっとも難易度は高いが，単純に通信内容を傍受
した場合はこのパターンとなることが多い.

　既知平文攻撃は，平文と暗号文のペアをいくつか入手した状態で攻撃を行う.
直接攻撃と比較すると，暗号文に対応した平文がわかっているため，対応付け
のヒントとなるものが見つかる可能性がある.

　選択平文攻撃は，任意の平文に対する暗号文を入手した状態での攻撃である.
既知平文攻撃では，平文と暗号文のペアを自身に都合の良いものにすることは
できないが，選択平文攻撃では，自身が欲する平文とその暗号文のペアをいく
つか手に入れている状態である.

　選択暗号文攻撃は，選択平文攻撃に加えて，任意の暗号文に対応する平文を
入手した状態での攻撃である.自身が欲する平文に対する暗号文と，自身が欲
する暗号文に対する平文とが入手できているため，攻撃者にとっては最も有利
な状態である.

3.8　まとめ

　第3章では，暗号化方式について代表的なものを紹介した.コンピュータが
発展している現在では，古典暗号は使えず，RSA暗号などの現代暗号が使用
されている.RSA暗号は，実用的な量子コンピュータが出現したときに，そ
の安全性が崩れるといわれているが，現時点では破られる可能性が低い安全な
暗号化方式である.

　個人情報を送信するときはもちろんであるが，そのほかの重要な情報をやり
取りするときにも，しっかりと暗号化された通信であるかということを確認し
た上で通信を行うようにしてほしい.

4

認証技術

　情報セキュリティを維持するために，暗号化を行えば機密性の確保，データが流出した場合の保険になることは，すでに述べた．第4章では，機密性を担保するために必要不可欠である認証技術について紹介する．機密性を担保するためには，確かなユーザ認証はなくてはならないものであり，さらに，例えばアクセス先が本物であるかどうかの認証も正しく行わなければ，偽物と通信を行ってしまい，情報の漏洩にもつながる可能性もあるため，注意をしなければならない．

4.1　認証の種類

　認証方式の種類ついて，簡単に説明をしておく．

4.1.1　二要素認証と二段階認証

　認証には，知識情報，所持情報，生体情報の3要素があり，それらのうち二つの要素を用いた認証を二要素認証と呼ぶ．知識情報は，パスワードや秘密の質問等，その情報を知っているかどうかを確認する認証である．所持情報は，ICカードやスマートフォン等を持っているかどうかを確認する認証である生体情報は，指紋や静脈などのバイオメトリクス認証のことである．通常，情報セキュリティの観点からは，複数の要素を組み合わせた認証，すなわち多要素認証が好ましいとされる．また，近年では知識情報による認証は非推奨となってきており，パスワード認証についても例外ではない．

　それぞれの特徴は表4.1に示す．ただし，各項目に記している記号はあくま

表 4.1 認証に用いる 3 要素の特性

	知識情報	所持情報	バイオメトリクス
忘却/紛失/盗難	×	△	○
推測・偽造	×	○	△
コスト	○	×	×
例	パスワード	IC カード	指紋

○, △, × の順に優れていることを表わす

でも目安であり，状況次第では変わることに注意してほしい．

ところで，二要素認証と似た言葉として二段階認証がある（または多要素認証と多段階認証）．二要素認証は，先に説明した三要素のうち二要素を用いた認証である．例えば銀行口座の ATM でお金を下ろすためには，キャッシュカードという所持情報と，暗証番号という知識情報を利用しているため，二段階認証である．それに対して，二段階認証は認証の行程が二段階になっていることを指す．例えば，パスワードによるユーザ認証をおこなって，認証通過直後に，秘密の合言葉を確認するような Web サイトがある．この場合，パスワードによる認証も，秘密の合言葉による認証も，知識情報によるものであるため，二要素認証ではなく二段階認証である．

基本的に多段階認証は一段階認証と比較してセキュリティレベルは上がらない．例えばパスワードを不正に入手できる攻撃者は秘密の合言葉も入手できている可能性があるからである．あくまでセキュリティレベルを上げるためには，多要素認証を取り入れる必要がある．

4.1.2 1 対 1 認証と 1 体 N 認証

ユーザ認証等では，1 対 1 認証と呼ばれるものと，1 対 N 認証と呼ばれるものがある．

1 対 1 認証は，まずユーザ名を指定してから，認証の情報の照合を行うものである．特徴として次のような点が挙げられる．

- 利便性は劣る（ユーザ名と認証情報の両方が必要）
- 認証精度向上
- セキュリティ向上
- 認証速度向上

90 第4章 認証技術

一方の1体N認証は，ユーザは指定せずに，登録された情報全体の中に該当する情報があるかどうかを確認する方式である．特徴として次のような点が挙げられる．

- 利便性に優れる（認証情報のみで良い）
- 認証精度は劣る
- セキュリティは劣る
- 認証速度は劣る

認証速度については，登録数が多くなるほど1対1認証に比べて1対N認証のほうが劣る傾向がある．重要視するのが利便性なのか，認証精度なのかで，どちらが適するのかを決定することになる．

4.2 ハッシュ値

認証のための技術の中でも基本的なものとしてハッシュ値がある．ここではまず，情報セキュリティのためのハッシュ値ではなく，一般的なハッシュ値について紹介する．

4.2.1 ハッシュ値とハッシュ関数

ハッシュ値とは，元の値から特定の関数により求めた別の値である．言い換えれば，ある関数（ハッシュ関数と呼ぶ）があり，そこに元の値を入力することで，出力が得られる．この出力をハッシュ値と呼ぶ．ハッシュ値を求めるためのハッシュ関数は次のような特徴をもつと想定する．

- 入力された値を別の値（ハッシュ値）に変換する関数である
- 同じ入力に対しては必ず同じ出力となる
- ハッシュ値から元の入力値を求めることはできない
- 入力値よりも出力値が短くなることが多い

これらの特徴をみると，4つ目の「入力値よりも出力値が短くなる」ということ以外はあまり特別なルールではなく，通常の関数でも問題ないのではないかと感じられる．

実際，普通の関数（例えば $f(x) = 2x + 3$ など）をハッシュ関数として用いても問題ない．しかし，実はその利用目的に応じて，適切なハッシュ関数というものが存在する．

例えば，検索処理でハッシュ値を利用することがある．大量のデータを保存しているデータベースがあるとする．その中から特定の値を探す，つまり検索処理を行う場合を考える．

例えば，数値が N 個保存されているデータベースがあったとして，その中から 12 という数字を探したいとする．通常の検索であれば，保存されているデータベースの端から 1 つずつ検索値と比較して，一致するかどうかを確認するため，最大で N 回の比較が発生する（図 4.1）．

図 4.1 複数のデータの中から単純検索をする処理のイメージ

ここで，ハッシュ値を利用する．まず保存されているデータすべてについて，ハッシュ関数を用いてハッシュ値を求めて，得られたハッシュ値ごとにデータベースを分けておく．例えば，ハッシュ関数として，$f(x) = x \bmod 10$ という関数（10 で割った余りがハッシュ値）であるとすれば，ハッシュ値は 0〜9 の 10 通りになり，10 個のデータベースとなる．

そして，その中から 12 を探す場合の動作は，まず検索値 12 のハッシュ値を求める（$f(12) = 12 \bmod 10 = 2$）．そこで，ハッシュ値が 2 であるグループのデータベースへアクセスし，その中で検索値 12 を探す（図 4.2）．

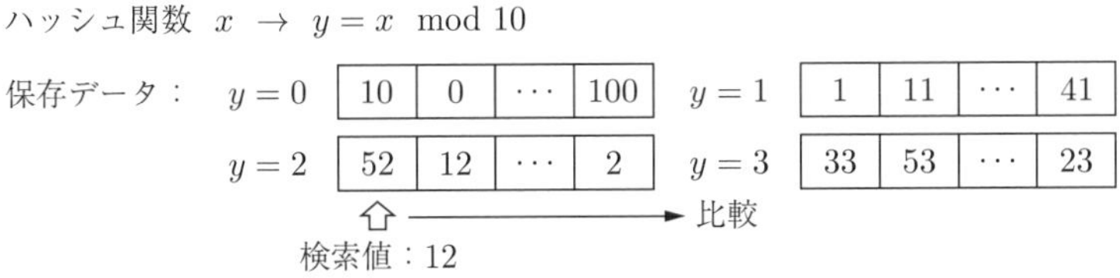

図 4.2 複数のデータの中からハッシュ値を利用して検索をする処理のイメージ

もしもハッシュ関数によって N 個の数値が均等に分かれたとすれば，1 つのデータベースあたり $\dfrac{N}{10}$ 個しか数値が保存されていないはずであるから，高々 $\dfrac{N}{10}$ 個のデータと検索値との比較となり，ハッシュ値を使わない方法に比べて，最悪のケース（最後まで検索値が見つからないケース）における速度が $\dfrac{1}{10}$ と

なる.

　ただし，N 個の値を均等に分けられないハッシュ関数を用いた場合，例えば保存されている N 個の数値がすべて同じハッシュ値を持ち，検索値もそのハッシュ値となる場合は，恩恵を受けられないだけではなく，ハッシュ値を求める時間の分だけ検索が遅くなってしまう．したがって，適切なハッシュ関数を採用することは非常に重要なことである．

4.2.2 　良いハッシュ関数の特性

　適切なハッシュ関数を用いることで，その恩恵が得られることを述べたが，具体的にどのような特性をもつことが良いハッシュ関数につながるのかを考えなくてはならない．

　ただし，ここで紹介する特性は代表的なものであり，目的によっては不要なもの，逆に恩恵がなくなってしまうものである可能性もあるため，注意が必要である．

（a）　低コスト

　良いハッシュ関数は低コストである必要がある．ここでのコストとは，時間的なコスト，つまりハッシュ値を求めるために必要な時間のことである．

　先の検索の例を思い出すと，検索値も含めて一度ハッシュ値を求めなければならない．ハッシュ値を求めることで検索時間を $\frac{1}{10}$ にできるとしても，ハッシュ値を求めるためにその 10 倍以上の時間が必要であれば，意味がなくなって今う．

　もちろん 10 倍以上の計算時間がかかるということはほぼないと思うが，それでも，できる限りハッシュ関数の時間的コストは低い方が良いということである．

（b）　決定性

　ハッシュ値を用いた場合，検索の例と同じくグループ分けをすることが目的であることが多い．その場合，同じ入力値に対しては，必ず同じ出力であることが保証されていなければならない．

　入力が同じであれば出力も同じになるということは当たり前かもしれないが，例えばシステムのアップデートによって，システムが提供している関数の仕様が変更になった（小数の計算で四捨五入していたものが，小数部分の切り

上げに変わった）などで，値が変わってしまうことがないようにしなければならない．

(c) 一様性

ハッシュ値によるグループ分けを行うとしたら，できる限り各グループに均等に割り振ったほうが良いというケースが多い．理想を言えば，各グループの要素が1個だけであればハッシュ値を求めるだけで良くなる．

ただし，ここで均等といっているのは，あくまで各ハッシュ値になるデータの個数のことを言っており，そのハッシュ値のグループに所属するデータの偏りについては問題としない．

例えば，$f(x) = x \bmod 10$ というハッシュ関数を用いる場合に，ハッシュ値を求める対象のデータ群が自然数全体であれば，およそ均等に分配されることが想像できる．しかし，ハッシュ値を求める対象のデータ群が自然数のうち偶数が多めに存在することがわかっていれば，ハッシュ値も偶数のものが多くなり，一様性が低下する．この場合は，例えば $f(x) = \lceil \dfrac{x}{2} \rceil \bmod 10$ とすることで，一様性が改善する．ただし，$\lceil \dfrac{x}{2} \rceil$ は，$\dfrac{x}{2}$ の小数部を切り上げることを表しているものとする．

(d) 正規化

正規化とは，元データに存在する表記上の揺れやノイズ等を取り除くことで，本来のデータの特徴に基づくハッシュ値を求めるためのものである．

例えば，誤差のせいで小数となっているが，本来は整数であるはずのデータをハッシュ関数に入れる予定であれば，ハッシュ値を求める過程のはじめの方で小数部を四捨五入等でなくす処理を入れたほうが良い場合もある．また，大文字と小文字とが混在している場合は，どちらかに統一した方が表記上の揺れを考えずにハッシュ値を求めることができる．

(e) 連続性

近い入力に対して，ハッシュ値も近くなるような特性のことである．例えばデータの検索システムにおいて，「あいまい検索」を行いたい場合は，入力された値に近いものを簡単に探せるようにしておいた方が良い．その場合，連続性があったほうが，求めたハッシュ値の周辺を探すことで，求めているデータが見つかる可能性が高まる．

ただし，連続性については持っていないほうが良い場合もあるため，注意が

必要である．

4.2.3　ハッシュ値の用途

ハッシュ値を用いることが多い例として，次のようなものがある．

- 検索の高速化（データをグループ化できる）
- データの検証（改ざんがあると，ハッシュ値が変わって気が付きやすい）
- パスワードの保存（別の値になるため，パスワード自体がばれなくなる）

検索については，すでに 91 ページで紹介をした通りである．データの検証については，例えばある有名なソフトウェアをダウンロードしたいと思ったとき，公式 Web サイトのダウンロード速度が非常に遅いこともある．その場合，親切な人が別の Web サイトでダウンロードできるようにしてくれている場合もある．

ただし，本当にそれが正しいファイルかどうかはわからない．そこで，公式 Web サイトでそのファイルから求めたハッシュ値を公開していれば，別の Web サイトからダウンロードしたファイルのハッシュ値を手元で調べることもできる．もしもハッシュ値が一致しなければ，公式サイトとは異なるファイルであることがわかり，偽のファイルである可能性が高まる（ダウンロードに失敗している可能性やバージョンが異なる可能性もある）．図 4.3 にイメージを示す．

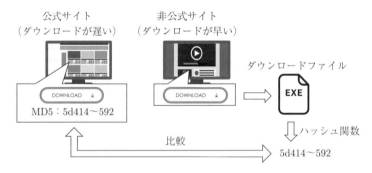

図 4.3　ハッシュ値を利用すると同一のファイルか検証をすることができる

また，パスワードの保存にもハッシュ値が使える．サービスを提供する Web サイト等では，ユーザにログインをさせるような仕組みのものも多いが，その場合はデータベースにユーザ名やパスワードが保存されていて，ログイン時に入力したユーザ名とパスワードが，データベースのものと一致しているかどう

かを確認している.

しかし,登録されたパスワードをそのままデータベースに保存してしまうと,攻撃者によってデータベースの内容が流出したときに,そのユーザが使用しているパスワードも同時に流出してしまう.他のWebサイト等でも同じパスワードを使っているかもしれないし,リスクが非常に高くなる.

そこで,パスワードをそのままデータベースに保存するのではなく,パスワードをハッシュ値に変えたものを保存しておく.こうすることで,ログイン時には入力されたパスワードのハッシュ値と,保存されたハッシュ値との比較をすることで問題なく認証ができるし,また万が一データベースが漏洩した場合でも,ハッシュ値だけが攻撃者に盗まれるだけであり,本来のパスワードは守られたままになる(この場合,暗号化に近い働きとなる).図4.4にそのイメージを示す.

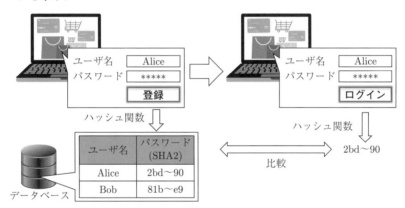

図 4.4 パスワードのハッシュ値を保存することでデータを盗まれた場合にパスワード自体が漏洩する可能性を低くできる

このように多くの場面でハッシュ値,ハッシュ関数は利用されている.

4.3 暗号学的ハッシュ関数

ハッシュ関数がいろいろな場面で利用可能であることはすでに述べたが,暗号として用いることもできる.その場合,次に示すような特性を満たす必要がある.

- 衝突計算困難性

96 第4章 認証技術

- 原像計算困難性
- 第二原像計算困難性

それぞれ，ハッシュ関数への入力とハッシュ関数の出力の関係に関する特性ではあるが，少しずつ異なる．

まず，衝突計算困難性とは，ある入力 x_1 と x_2 について，x_1 と x_2 が異なるのにも関わらず，それぞれのハッシュ値 $H(x_1)$ と $H(x_2)$ が同じになるケースを見つけることが困難であるという特性のことである．

原像計算困難性とは，ハッシュ値 $H(x)$ から，元の入力 x を求めることが困難であるという特性である．

そして，第二原像計算困難性とは，x のハッシュ値が $H(x)$ であるということがわかっているときに，$H(x) = H(y)$ となる入力 y を求めることが困難であるという特性である．これは，衝突計算困難性と少し似ている文言ではあるが，衝突計算困難性のほうが成立しにくい特性である．

これら三つの特性をもつハッシュ関数を暗号学的ハッシュ関数と呼ぶ．例えば，よく使用されるものに SHA（Secure Hash Algorithm）がある．SHA は，アメリカ国立標準技術研究所 NIST から標準のハッシュ関数に指定されている暗号学的ハッシュ関数である．バージョンによって，SHA-0，SHA-1，SHA-2，SHA-3 があり，2024 年 1 月現在の主流は SHA-2 である．

また，SHA2 はさらに細かく分かれ，SHA-224，SHA-256，SHA-384，SHA-512，SHA-512/224，SHA-512/256 がある．SHA-x の名称は，x ビットのハッシュ値を生成することを示しているため，例えば SHA-224 であれば 224 ビットのハッシュ値が生成される．また，SHA-x/y の名称は，SHA-x によるハッシュ値を縮めることで最終的に y ビットのハッシュ値を出力するものである．つまり，SHA-512/224 は，SHA-512 によって 512 ビットのハッシュ値が生成され，さらにそれを別の方法で縮めることで最終的には 224 ビットのハッシュ値となることを意味している．

SHA-2 は HTTPS 通信などの SSL/TLS 等に使用されている．

4.4 暗号学的ハッシュ関数の応用

ハッシュ関数は，検索の高速化等だけではなく，暗号学的ハッシュ関数を用いることで，認証システムの基礎となる技術を実現することができる．ここで

は，暗号学的ハッシュ関数の応用について紹介する．

4.4.1 基礎的技術

まず，暗号学的ハッシュ関数の応用例として次のものを説明する．いずれも，それ単体で使用できる訳ではないが，認証技術等の基礎をなしている．

- コミットメント
- ハッシュチェーン
- マークルツリー

(a) コミットメント

コミットメントとは，コミットを作成してそれを送信する行為を指している．コミットとは，「確約」のことであり，自身の行動等を確かなものとして証明するものである．ただし，この説明では抽象的であり，わかりにくい．

そこで，コミットメントを利用した例として「電話でじゃんけんゲーム」を紹介する．Alice と Bob が電話越しにじゃんけんをする状況を想定する．何も考えずに単純な方法を選べば次のような方法 A で実施する．

方法 A

1. Alice と Bob がそれぞれ「手」を決める
2. Alice が Bob に自身の「手」を伝える
3. Bob が Alice に自身の「手」を伝える
4. 勝敗が決定する

方法 A の問題点は何であろうか．それは，Bob が常に有利な立場にある点である．Alice と Bob は二人が同時に自身の「手」を決めることになっているが，先に Alice が「手」を伝えるため，Bob はその段階で自身の「手」を変更することが可能であり，しかも「手」を変えたことを誰も証明することができない．それでは，次の方法 B はどうか．

方法 B

1. 電話越しに，二人で（あるいは片方でも構わない）「せーの」の掛け声をかける
2. 二人が同時にじゃんけんの「手」を言う
3. ふたりの「手」により勝敗が決定する

98　第4章　認証技術

　方法Bにも問題がありそうである．それは，互いの声が重なってしまい，「手」がわからないということである．二人ともわからなければやり直せば良いが，再び聞き取れない結果になる可能性も高い．また，例えばAliceだけが聞き取れなかった場合は，Bobに対して何の「手」だったのかを確認すれば良い．ただし，BobはAliceの「手」を聞いていたため，自身の手を偽ることも可能である．

　そこで，コミットメントを用いる．コミットメントでは，コミットを送信することで情報が確かであることを約束することができる．具体的に，コミットメントを用いた方法Cを示す．

方法C　※ $H(\cdot)$ はハッシュ関数である

1. Aliceが「手」を決める → s_A とする
2. Bobが「手」を決める → s_B とする
3. Aliceが乱数 r を生成
4. Aliceがコミット $c = H(s_A r)$ を計算する
5. AliceがBobに c を伝える
6. BobがAliceに s_B を伝える
7. AliceがBobに r と s_A を伝える
8. Bobが c を検証（$H(s_A r)$ と c が一致することを確認）

　手順4でAliceは自身の手を表わす s_A と乱数 r の積をハッシュ関数に入力してハッシュ値（コミット）を生成している．これをBobにわたすことで，Aliceは自身の手が s_A であることを確約している．なぜなら，手順6でBobの手を知ってからAliceが自身の手 s_A を s'_A に変更し，手順7で s'_A をBobに伝えたとしたら，手順8で c と $H(s'_A r)$ が一致しない．したがって，手順8で検証が通ることが，Aliceは途中で手を変更していないという証明になるのである．

　このように，コミットはその時点での事象を確約し，変更していないことを証明することができる．

（b）　ハッシュチェーン

　ハッシュ関数を H としたとき，ある値 s_0 に対して，そのハッシュ値 $s_1 = H(s_0)$ を求める．そして，次に s_1 に対して，そのハッシュ値 $s_2 = H(s_1)$ を求める．さらに，s_2 に対して，そのハッシュ値 $s_3 = H(s_2)$ を求める．これを繰り返す

と，ハッシュ関数を n 回適用した s_n が得られる．このように，ハッシュ関数を複数回繰り返したものをハッシュチェーン（チェーン＝鎖）と呼ぶ．

ハッシュチェーンは，例えばパスワードによるユーザ認証等で利用される．通常，パスワードによる認証を行う場合は，次のような流れになっている．

- 登録フェーズ
  1. パスワード p を入力
  2. p をサーバへ送信
  3. サーバは p をデータベースに保存
- 認証フェーズ
  1. 認証画面でパスワード x を入力
  2. 入力値が認証サーバに送信される
  3. サーバではデータベース内の p と入力された x とを比較
  4. $x = p$ であれば認証成功とする

このとき，認証フェーズの 2 において，攻撃者が送信内容を傍受したとすれば，攻撃者にパスワードが漏洩してしまう．そうなると，攻撃者は入手したパスワードを用いて任意のタイミングで認証を通過できてしまう（リプレイ攻撃）．

そこで，ハッシュチェーンを用いた認証が利用される．ハッシュチェーンを用いた認証は次の流れで行われる．

- 登録フェーズ
  1. サーバからハッシュ関数を受け取る
  2. パスワード p を生成生成し，ハッシュ関数 H を n 回適用した s_n を求める
  3. s_n をサーバへ送信
  4. サーバが s_n をデータベースに保存
- 認証フェーズ
  1. 認証画面で x を入力
  2. 入力値が認証サーバに送信される
  3. サーバは受信した x のハッシュ値 $H(x)$ を求める
  4. データベース内の s_n と $H(x)$ とを比較
  5. $H(x) = s_n$ であれば認証成功とし，データベースに x を保存する

登録フェーズにおいては，パスワード p をそのまま保存するのではなく，ハッシュチェーンを作成し，n 回ハッシュ関数を適用した s_n を保存する．そして，認証時には，ユーザが認証用アプリなどで $n-1$ 回のハッシュ関数を p に適用した値 s_{n-1} を取得して，それをサーバへ送信する．サーバ側は受け取った値にハッシュ関数を適用する．ユーザが入力したものが s_{n-1} であれば，ハッシュ関数を適用することで s_n となり，データベースに保存した値と一致する．そして，データベースに保存されている s_n を x すなわち s_{n-1} に書き換える．したがって，次に認証を受けるときは，s_{n-2} を送信しなければならない．ここまでの処理の流れを図 4.5 に示す．

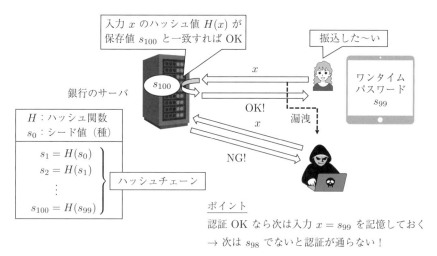

図 4.5 ハッシュチェーンを用いた認証システムのイメージ

この手法には次のようなメリットが有る．
- 本来のパスワード p を知らなければ s_{n-1} を用意できない
- 本来のパスワード p は一度も送信されていない（漏洩するリスクがない）
- ユーザが送信した x を攻撃者が取得したとしても，$x=s_{n-1}$ であれば次は s_{n-2} でないと認証が通らない（リプレイ攻撃への耐性）

一般的に，このログイン方式はワンタイムパスワード方式として知られている．スマートフォンのアプリ等でワンタイムパスワードを発行することで，一度だけ認証を受けることができる．多くは回数だけではなく，有効時間も設定されていることが多い．

(c) マークルツリー

マークルツリー（マークル木）は，図 4.6 に示すように，最下層に保存したい値から計算したハッシュ値を置き，隣り合うもの同士でペアをつくってそれらを結合（単純に横に並べる）したもののハッシュ値をその上の層に置き，さらにそれらの隣り合うもの同士でペアをつくって，という要領でハッシュ値が一つになるまで繰り返したものである．最上位層に位置するものをマークルルートと呼ぶ．一般的に，横に要素を並べ，それらのうちから一定数ずつつなげて上の層をつくっていった構造を木構造と呼ぶ．マークルツリーも木構造である．

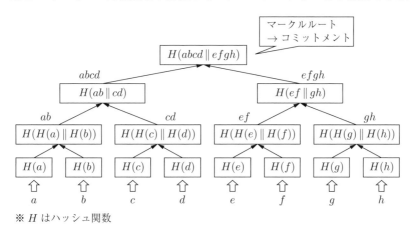

図 4.6 マークルツリーの構造

木構造にしていることから，保存したい値 a〜h のいずれかが改ざんされてしまうと，それに対応するハッシュ値が変わり，その変化がマークルルートに向かって伝わっていく．したがって，マークルルートは，そこに収められている値 a〜h が改ざんされていない証明，つまりコミットメントとして使用することができる．

わざわざハッシュ値を木構造にしているのは次のようなメリットがあるからである．

- 図 4.6 で，例えば値 e〜h が不要になったとする．その場合，$H(ef\|gh)$ のみ残して，それより下の部分を全削除しても他の部分（この場合は図の左半分）に影響が及ばない．
- マークルルートのハッシュ値に誤りがあることが判明した場合，ルート

から下に向かってハッシュ値が誤っている部分のみをたどっていくと，原因となった部分がどこにあるのか追跡しやすい（すべてのハッシュ値を調べなくても，木構造の縦方向だけ調べれば良い）

マークルツリーは，暗号資産の一つであるビットコインでも用いられているブロックチェーンでも重要な役目を担っており，「誰が誰にいくら送金したのか」という取引内容（トランザクション）からハッシュ値をつくったものを最下層に配置し，そこからマークルツリーをつくったものをブロックに保存して，トランザクションの正しさを証明している（図 4.7）．

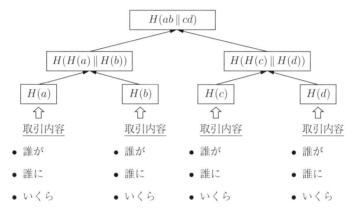

図 4.7 ブロックチェーンの中でもマークルツリーが用いられている

4.4.2 メッセージ認証コード

メッセージ認証コード（Message Authentication Code, MAC）は，送受信されるメッセージについて，次の 2 つのことを証明するために使用される．

- 誰が作成したメッセージなのか
- 改ざんされていないか

図 4.8 にメッセージ認証コードの概要を示す．メッセージの受信者が，受信したメッセージは本当に想定している通信相手からのものなのか，そして途中で誰かにメッセージを改ざんされていないか，ということは常に気になるところである．なぜなら，面と向かって会話をしているわけではなく，見えるのは相手から届くメッセージの内容だけだからである．そのときにメッセージ認証コードを確認することになる．

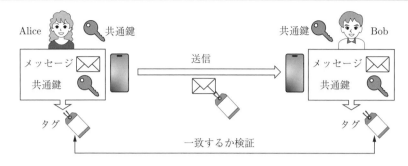

図 4.8　メッセージ認証コードの概要

図 4.8 を見ると，Alice から Bob へメッセージを送信している．そのとき，Alice は送信したいメッセージを作成し，共通鍵を用いてメッセージに対応したタグを作成する．そして，Bob に対してメッセージとタグをセットで送信する．Bob は受信したメッセージから自身でタグを求め，それが受信したタグと一致するか確認する．一致すれば，確かに Alice から届いた内容で，途中の改ざんもない，ということが明らかになる．ここで，タグとは次の手順によって生成されるものである．

準備

- 送信したいメッセージを m とする
- 通信相手との共通鍵 k を用意する（k は 512 ビット以下である）
- ハッシュ関数を H とする（例えば SHA-256 など）
- $ipad$ を $0x5c5c5c\cdots$ とする（512 ビット）
- $opad$ を $0x363636\cdots$ とする（512 ビット）

手順

1. k と $ipad$ の XOR を計算（$k \oplus ipad$）
2. k と $opad$ の XOR を計算（$k \oplus opad$）
3. 1 と m を結合（$k \oplus ipad \| m$）
4. 3 のハッシュ値を計算（$H(k \oplus ipad \| m)$）
5. 2 と 4 を結合（$k \oplus opad \| H(k \oplus ipad \| m)$）
6. 5 のハッシュ値を計算（$H(k \oplus opad \| H(k \oplus ipad \| m))$）

最終的に得られる式 $H(k \oplus opad \| H(k \oplus ipad \| m))$ は複雑に見えるが，手順

104 第 4 章 認証技術

に示したように，一つ一つの式は決して難しくはない．このようにして計算さ
れたタグにより，メッセージ認証コードがなりたっている．

　ただし，メッセージ認証コードのタグは，送信者と受信者とが共通で持って
いる共通鍵を使用しているため，例えば図 4.8 において，Bob が「このメッ
セージが Alice から送られてきた」と言い，Alice が「こんなメッセージは送っ
ていない」と言うような，送信者と受信者とで言い分が食い違う場合，本当に
Alice が送信したのかどうかはわからない．なぜなら送信者も受信者も共通鍵
を持っているからである．すなわち，情報セキュリティの「否認防止」性がな
い．このようなケースで，Alice が送信者であること（あるいはその逆）を証
明するには，メッセージ認証コードではなく，次のディジタル署名を用いなけ
ればならない．

4.4.3　ディジタル署名

　メッセージ認証コードは，受信者にとって，「確かに送信者が作成したメッ
セージである」ことと，「確かに送信してから受信するまでの間に改ざん等が
行われていない」ことを証明することができる．ただし，第三者から見ると，
本当に送信者が送信したメッセージなのかがわからず，否認防止性がないとい
うことを説明した．第三者へ証明する手段としては，ディジタル署名がある．
ディジタル署名は，情報セキュリティの完全性と否認防止を提供する．

- 　受信したメッセージが，確かに改ざんされていないことを保証（完全性）
- 　受信したメッセージが，確かに送信者が作成したことを保証（否認防止）

　完全性が担保できるのは，ハッシュ値を使っているため，改ざんが行われた
ときはハッシュ値が異なることで検知できるからである．また，否認防止が担
保できるのは，送信者本人しか知らない秘密鍵を用いた署名が行われるからで
ある．

　ディジタル署名の大まかな流れを図 4.9 に示す．Alice が Bob にメッセージ
を送信するとする．まず，Alice が送信するメッセージを生成して，それをハッ
シュ化してハッシュ値を得る．次にハッシュ値を Alice 自身の秘密鍵で暗号化
する．この暗号化したものが署名データである．Alice は，Bob に対してメッ
セージと署名データを送信する．

　一方の Bob は，受信した署名データを Alice の公開鍵で復号する．公開鍵暗

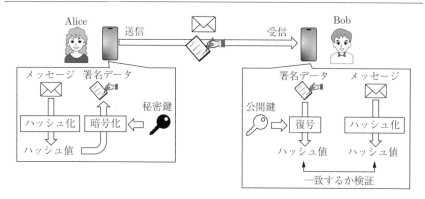

図 4.9 ディジタル署名を利用したメッセージの検証の流れ

号の説明では，受信者の公開鍵で暗号化して，受信者の秘密鍵で復号していたが，ディジタル署名では，送信者が誰なのかということも証明しなければならないため，送信者の秘密鍵で暗号化して，送信者の公開鍵で復号していることに注意が必要である．Bob は，復号によりメッセージのハッシュ値を手に入れる．そして，受信したメッセージから自身でもハッシュ値を求め，それぞれが一致すれば，Alice が送信したメッセージであること，およびメッセージが改ざんされていないことを確かめることができる．この確認作業のことを検証と呼ぶ．

ディジタル署名にはいくつか種類がある．例えば素因数分解問題（大きな数の素因数分解が困難であること）がベースになっている FDH-RSA（Full-Domain-Hash-RSA）署名や，離散対数問題（ある計算に対して，その逆算が困難であること）がベースになっているシュノア署名がある．FDH-RSA 署名の手順は次のようになる．RSA 暗号と似ていることがわかる．

106　第 4 章　認証技術

FDH-RSA 署名

- 署名フェーズ
  1. k ビットの素数 p と q を生成
  2. $n = pq$
  3. $l = (p-1)(q-1)$ とし，$ed = 1 \pmod{l}$ となる e と d を生成
  4. 公開鍵 $k_p = (n, e)$，秘密鍵 $k_s = (d, p, q)$ とする
  5. 署名 $\sigma = H(m)^d \bmod n$ を求める．ただし H はハッシュ値が n 未満の正の整数であるようなハッシュ関数（フルドメインハッシュ関数）とする．
- 検証フェーズ
  1. $H(m) = \sigma^e \bmod n$ が成り立てば検証通過

次に，シュノア署名の手順[40] を示す．

シュノア署名

- 署名フェーズ
  1. 大きな素数 p，および $p-1$ の素因数 q を生成
  2. $g^q = 1 \pmod{1}$ である g を求める
  3. $y = g^x \bmod p$ を計算
  4. 公開鍵 $k_p = (p, q, g, y)$，秘密鍵 $k_s = x$ とする
  5. 適当な乱数 k を生成
  6. $r = g^k \bmod p$ に対して $e = H(r, M)$ を求める
  7. $s = k - ex \bmod q$ を求める
  8. 署名 $\sigma = (e, s)$ である
- 検証フェーズ
  1. $r' = g^s y^e \bmod p$ について $e = H(r', m)$ が成り立てば検証通過

4.4.4　ユーザ認証

　ディジタル署名によって，誰が作成したメッセージなのかを証明することができることを述べた．しかし，そもそもその作成者は，想定した人物が使用しているのであろうか．すなわち，第三者によってアカウントが乗っ取られた状

4.4 暗号学的ハッシュ関数の応用 **107**

態で作成された可能性はないのであろうか．確かに本人がそのアカウントを使用しているということを証明するために，ユーザ認証が必要となる．ここでは，各種サービスを利用する上で必要となるユーザ認証を扱う．

（a）　基本的なパスワード認証

もっとも基本的なユーザ認証は，ユーザ名とパスワードをセットで使用するパスワード認証である．ユーザ A がサーバ B へログインする場合は，ユーザ名 id_A とパスワード p_A を送信する．ただし，この手法にはいくつか問題がある．1点目が，オンライン攻撃を受けやすいということである．オンライン攻撃とは，サーバ B へログインする際に送信している id_A と p_A を，途中で攻撃者に盗聴されることを言う．2点目が，オフライン攻撃を受けやすいということである．オフライン攻撃とは，サーバ B が何らかの方法によりアカウント情報を保存したデータベースを盗まれ，攻撃者がローカル環境において（すなわちオフライン状態において）アカウント情報を解析する攻撃である．3点目がスケーラビリティがない（または低い）点である．スケーラビリティとは，登録ユーザ数が増加するにしたがって，保存しているデータ量も増えるため，それにあわせてシステムを強化できるかどうかということである．

これらの問題を考慮して，少なくともパスワードをそのまま送信するのはリスクが高いとして，次のような改善をしたとする．すなわち，ユーザ A がサーバ B にユーザ名 id_A とパスワード p_A を送信していたところを，暗号化関数 E_{p_A} でパスワードを暗号化したもの $E_{p_A}(p_A)$ を用意して，ユーザ名 id_A と暗号化済みパスワード $E_{p_A}(p_A)$ を送信する．サーバ側は受信した $E_{p_A}(p_A)$ に対して復号関数 D_{p_a} を適用し，パスワード $p_A = D_{p_A}(E_{p_A}(p_A))$ を得ることができる．この改善によって，先程の3つの問題のうち，何か改善されるのであろうか．

答えは，「ほとんど状況は変わらない」である．確かに，攻撃者がオンライン攻撃によってパスワードを入手することができなくなった．しかし，ユーザ A がサーバ B に送信したデータをそのままコピーすることで，攻撃者が $E_{p_A}(p_A)$ を入手できる．もちろん復号関数は未知であるため，そこからパスワードを解読することは難しいが，少なくても攻撃者は得られた $E_{p_A}(p_A)$ をそのままサーバ B へ送信することで，ユーザ id_A として認証を通過することができる．これをリプレイ攻撃と呼ぶ．ちなみに，パスワードの解読が不可能であるとする

と，他のサイトへのログインパスワードが漏洩することにはつながらないという意味で多少の改善が行われたと言えるかもしれない．

(b) リプレイ攻撃への対策例

リプレイ攻撃を防ぐ方法として，例えばチャレンジレスポンス方式が挙げられる．これは，サーバからユーザへチャレンジ（問題）が送られ，ユーザがチャレンジへのレスポンス（応答）を返すことで認証を行う．具体的にはまず，ユーザ A とサーバ B とで共通鍵 k_A を共有しておく．そして，ユーザ A は認証開始にユーザ名 id_A のみをサーバ B に送信する．サーバ B は id_A が確かに登録されているユーザであることを確認してから，乱数 r を生成し，ユーザ A に送信する．ユーザ A は受け取った r に対して，共通鍵を用いた暗号化関数 E_{k_A} を適用して $c = E_{k_A}(r)$ を求めてサーバ B へ送信する．サーバ B は受け取った c に対して共通鍵を用いた復号関数 D_{k_A} を適用して $D_{k_A}(c) = r$ となるか確認する．一連の処理の流れを図 4.10 に示す．

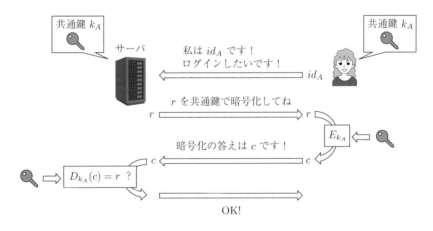

図 4.10 チャレンジレスポンス方式による認証の流れ

この方式であれば，認証を受けるたびにチャレンジが変更されるため，過去のレスポンスの流用ができず，リプレイ攻撃への対策が可能である．ただし，オフライン攻撃により共通鍵を取られてしまう可能性は残っており，またユーザの数だけ共通鍵を保存して置かなければならないため，スケーラビリティも解決されていない．

(c) オフライン攻撃への対策例

チャレンジレスポンス方式では，共通鍵がデータベースに登録されているため，オフライン攻撃のリスクが残っていた．そこで，データベースに鍵を保存しない手法が求められ，例えば100ページで紹介したワンタイムパスワード方式などが有効である．あらためて，簡単にワンタイムパスワード方式の手法をまとめておく．

あらかじめ，ユーザAはある値kに対してn回ハッシュ関数を適用したx_nをサーバへ登録しておく．認証を受けるときは，ユーザAからサーバBに対して，ユーザ名id_Aとハッシュ値x_{n-1}を送信する．サーバBは受け取ったハッシュ値に再度ハッシュ関数を適用したものを，データベース内に保存されているx_nと比較し，一致したら認証を通す．また，認証が通ったらサーバBはデータベース内のx_nをx_{n-1}に置き換えるため，次にユーザAが認証を受けるときはx_{n-2}を送信しなければならない．

この手法であれば，パスワードのやり取りはなく（オンライン攻撃対策），認証のたびに値が変わり（リプレイ攻撃対策），サーバに認証を受けるための値（パスワード）は保存されていない（オフライン攻撃対策）．もしもオフライン攻撃を受けて，ハッシュ値x_nが漏洩したとしても，サーバへ送るべき値x_{n-1}を求めることは困難である（原像計算困難性）．

(d) スケーラビリティへの対策例

認証サーバのスケーラビリティ問題は，ユーザに関する情報をデータベースに保存していることが問題である．それを解決する基本的な方法は，データベースに保存することをやめるしかない．

そこで，公開鍵認証基盤（Public Key Infrastructure, PKI）を紹介する．PKIは公開鍵とその所有者の対応関係を保証する仕組みであり，サーバが本物であることを証明することによく使われている．

まずはサーバの証明について説明する．アクセスしているサーバが本物であることを証明するには，次のような手順を踏めば良さそうである．

1. ユーザがサーバへ乱数rを送信する
2. サーバは受信したrを自身の秘密鍵で署名（暗号化）する
3. サーバがユーザへ自身の公開鍵と署名を送信する
4. ユーザはサーバの公開鍵を使って署名を検証（復号）する

5. 検証結果が OK であれば相手は本物である

これにより，ユーザはサーバが本物であることを確定できそうな感じはする．しかし，実際にはそういうわけではない．例えば図 4.11 に示すような通信が考えられる．すなわち，ユーザが乱数 r を送信したときに，実は攻撃者が間に入って乱数 r を受け取る．攻撃者は自身の秘密鍵で署名をつくり返答する．ユーザは攻撃者が用意した偽の公開鍵で署名の検証を行うため，本物であると錯覚する．

ちなみに，攻撃者が乱数をそのままサーバへ横流しにして，サーバとの通信も行えば，サーバもユーザもどちらも認証の処理が正常に終了するため異常事態に気が付きにくくなる．これは，公開鍵の真正性，すなわち公開鍵の所有者が本物であるかどうかの確認を行えないことが原因となっている．

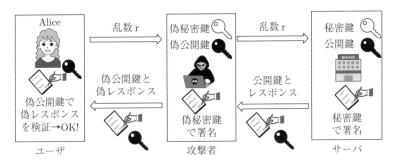

図 4.11　偽の公開鍵を用いた中間者攻撃の様子

そこで，公開鍵の所有者を認証するための第三者が必要となり，PKI が導入される．PKI を使った場合，次のようにしてサーバが信頼できるか判断する．

1. サーバが事前に認証局へ公開鍵 k_p^B を登録する
2. 認証局が自身の秘密鍵 k_s^C で k_p^B に署名する（サーバ証明書）
3. サーバは認証局からサーバ証明書 S をもらう
4. ユーザがサーバへアクセスする
5. サーバはユーザへサーバ証明書 S を送信する
6. ユーザはサーバ証明書 S を認証局の証明書（公開鍵）k_p^C で検証する
7. 検証が通れば，認証局に登録された正規の公開鍵であるため，安心して通信を開始する

これはサーバの認証であるが，サーバとユーザを入れ替えればユーザの認証も可能である．すなわち，あらかじめユーザは認証局へ自身の公開鍵を登録し，ディジタル証明書を発行してもらう．そして，サーバへログインするときは，そのディジタル証明書をサーバへ送信し，サーバ側は認証局の公開鍵で検証を行う．検証が通れば正規のユーザということになる．

この場合，ユーザを証明する情報であるディジタル証明書は，ユーザ自身が所持している．したがって，サーバの利用者数が増えたとしてもサーバへの登録データは増えないし，ユーザも自身のディジタル証明書だけであるから増えることはない．つまり，スケーラビリティをもつということになる．

4.5 バイオメトリクス認証

バイオメトリクスとは，Biology（生物学）と Metrics（測定）とを結びつけた生物学的特徴を意味している．4.4.4 項では，ユーザ認証の代表的な手法として，パスワード認証について紹介したが，現在はパスワード認証よりも，バイオメトリクス認証が使われるケースも増えている．そこで，この章ではバイオメトリクス認証について紹介する．

(a) バイオメトリクス認証に必要な特性

バイオメトリクス認証に用いられるものとしては，例えば指紋や虹彩が有名であるが，バイオメトリクス認証に使用するために必要な要件がいくつかある．例えば次のようなものである．

- 普遍性
- 唯一性
- 永続性
- 収集可能性
- 受容性

普遍性とは，基本的に誰もがもっている特徴であるということである．例えば指紋は基本的に誰でも持っている．もちろん，先天性の障がいや怪我等により持っていない場合もあるが，大多数は持っている．もしも「ほくろの位置」などをバイオメトリクス認証に用いようとしても，ほくろを誰でも持っているとは限らないため適切であるとはいえない．

唯一性とは，他の人と特徴量が等しくなってはならないという性質である．

112 第4章 認証技術

認証をするために用いるのであるから，複数人が同じ特徴になってはならず，人によって唯一の特徴でなければならない．

永続性は，経年変化等がないということである．特徴量が徐々に変化すると，認証に用いることが難しくなる．もしも経年変化が見込まれるときには，定期的に登録情報を更新する必要があり，利便性が下がってしまうことになる．

収集可能性は，センサ等を用いることで，容易に確認できるという特性である．例えばDNAは現時点では容易に判定できるものではないから収集可能性が低い．

受容性は，利用者が抵抗を感じないものである．例えばコロナ禍のときは，多くの人が唾液によって検査をしていたが，それを普段の認証に使うことになれば，多くの人が抵抗を感じると思われる．不特定多数の人が触れるということに抵抗を感じる場合も多く，接触式よりは非接触式の方法が好まれる．

このように，バイオメトリクス認証に用いる要素には，いくつかの要件があり，できるかぎりすべて満たすようなものを採用したほうが普及もしやすい．

4.5.1　認証の流れ

バイオメトリクス認証に限った話ではないが，認証を行う処理は，登録フェーズと認証フェーズとに分かれる．

登録フェーズでは，登録する者のバイオメトリクスの情報をセンサ等で読み取る．そして，特徴的な量を抽出したデータを登録する．

認証フェーズでは，登録フェーズと同等のセンサ等でバイオメトリクスの情報を読み取り，特徴的な量を抽出し，登録されているデータと照合を行う．

このとき，データの登録や照合を担当するのがサーバの場合（サーバ認証モデル）と，センサ等をもつ端末の場合（クライアント認証モデル）とがあり，認証フェーズの流れが多少異なる．

サーバ認証モデルの場合は，認証を行う者の特徴量を抽出してデータにしたあと，サーバに対してユーザIDやバイオメトリクスの情報を送信する．そしてサーバ側で認証を行う．特徴量の抽出も含めてサーバで行う場合もある．一方のクライアント認証モデルでは，端末のICチップにユーザのデータを登録しておき，センサで読み取ったバイオメトリクス情報をICチップで照合する．そして，照合結果だけをサーバに送信するため，セキュリティ的にはクライア

ント認証モデルのほうが安全である．

近年，普及が進んでいるパスキー認証でも，サービスへログインするときは，スマートフォン等の手元のデバイスを用いて認証を行い，認証結果のみを送信する仕組みになっているため，これまでのパスワード認証よりもセキュリティ的に安全である．

4.5.2 認証精度

バイオメトリクス認証をするには，センサで特徴量を読み取って，登録されたデータと照合をしなければならない．ただし，常に100%照合が通るとは限らない．誤った認証結果となるのは，次の2通りである．

- 本人であるが登録データと一致しない（本人拒否率）
- 別人の登録データと一致する（他人受入率）

どちらも0%になることが理想であるが，現実的ではない．図4.12は，あるユーザの登録データに対して，照合を受けるデータがどの程度類似しているのかという値を横軸に，その類似度がどの程度発生する可能性があるかという値を縦軸に示したものである．左にある山が登録データとは異なる人物のデータを表わしているが，類似度が50%を超えるようなケースも生じることがわかる．一方，右にある山は登録されたユーザ本人のデータであるが，類似度が50%を下回る可能性もあることがわかる．

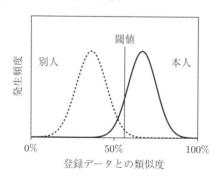

図4.12 登録データと比較した読み取りデータの類似度とその出現頻度の関係

基本的に類似度が高ければデータが一致したと判断するが，100%一致ということを条件とすることは非現実的であることがわかる．それでは類似度が何%程度であれば，本人と判断することが妥当なのか，ということを決めなけ

ればならない．この判断の基準を判定閾値と言う．

図4.12で，登録データ本人を示す山のうち，判定閾値よりも左側に位置する部分は本人拒否を表わしており，他人のサンプルを示す山のうち，判定閾値よりも右側に位置する部分は他人受入を表わしている．すなわち，判定閾値を低くすると，本人拒否率を低くすることができるが，他人受入率が上がることになり，判定閾値を高くすると，他人受入率を低くすることができるが，本人拒否率が上がることになるというトレードオフの関係になっている．安全性を重視するのか，利便性を重視するのかによってどこに判定閾値を設定するのが良いのかが決定する．もしも安全性に不安が残るのであれば，別の方式も組み合わせる等の仕組みが必要である．

4.5.3　バイオメトリクス認証の例

ここでは，実際に使用されているバイオメトリクス認証について紹介する．

（a）　指紋認証

指紋認証は現在普及しているバイオメトリクス認証の一つである．指紋と呼ばれる指先にある模様は人によって異なり，生涯普遍と言われている．また，同一人物であっても指によって指紋は異なるとされている．さらに一卵性双生児等，遺伝子が同じ人物であっても指紋は異なるとされている．こういったことから，バイオメトリクス認証としてよく利用される．

センサは小型化が可能であり，さらに導入コストが小さいことで，比較的普及している．ただし，手荒れや乾燥などで精度の変動が生じやすいという欠点もある．また，指をセンサに触れさせることに対して衛生面での心理的抵抗を感じる人もいる．

セキュリティ的には，ゼラチンで指紋のコピーをつくり，認証に成功した例もあり，偽造攻撃のリスクをもっているため，過信は禁物である．

指紋センサの原理は主に二種類あり，プリズム光学式の場合はプリズムを通して光源を当て，反射面が皮膚なのか空気なのかで，反射率が異なることを利用して指紋の凹凸を取得する．静電容量式の場合は，皮膚と検出セルと間で生成される静電容量の値を検出し，凹部と凸部とで静電容量に差が出ることを利用して凹凸を取得する（図4.13）．

センサで指紋の凹凸情報（隆線と谷部と呼ぶ）を取得したら，そこからマ

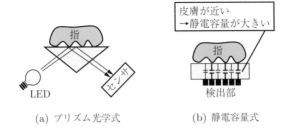

図 4.13 代表的な指紋センサの読み取り方式

ニューシャと呼ばれる端点や分岐点を検出し，マニューシャ間の距離や，マニューシャを結ぶ直線がなす角等を算出する．それらの値が指紋認証を行う上での特徴量となる．

(b) 顔認証

顔認証も普及しているバイオメトリクス認証の一つである．元々人間は人の顔を見て相手を認識することから，顔認証のシステムに対して違和感を抱きにくい．さらに，非接触で衛生的である．これらのことから，心理的抵抗感を感じにくいと言われている．また，あるきながらでも認識が可能であり，非拘束性をもっている．顔を監視されるため，不正行為に対する心理的抑制効果もあると言われている．

ただし，欠点として照明の変化や顔の向きが異なっていたり，表情の有無やマスク等の有無によって，精度が大きく変化するという点が挙げられる．また，経年変化があるため，定期的に登録した顔を変更しなければならない．顔がそっくりな人がいる場合，区別がつかないことも考えられる．他にも，カメラを用いることから，使い方によってはプライバシーの侵害の可能性も出てくるため，例えばカメラに関係のないところが写り込まないように設置場所を工夫したり，映る範囲に制限を設けたりする必要がある．

かつては，他人の顔写真を用いての照合もできていたが，今は3次元データも利用可能である．抽出する特徴量は，目や鼻等の位置，大きさ，傾き，形，比率等であり，さらに凹凸の情報を取得する場合もある．目元等の局所的な照合を行う場合は，マスク等を装着していても認証が行える．登録時とまったくおなじ向きで認証を受けるとは限らないため，あらゆる方向からのデータを抽

116　第4章　認証技術

出することが望ましい.

(c) 虹彩認証

　虹彩とは, 瞳孔（黒目）の外側の模様がある部分である. 2歳頃に模様が完成して経年変化しにくいとされている. 指紋と同じく遺伝的影響も受けず, 左右の目でも異なる. 認証精度が非常に高く, 偽装やなりすましが困難であるという特徴をもつ. ただし, 虹彩認証に限った話ではないが, なりすまし等が困難な場合についてもセンサからの出力を不正に入手されてしまうと, なりすましができてしまうため, 注意が必要である.

　なお, 屋外では太陽光が赤外線を妨害することから認識率が低くなる. また, カラーコンタクトやサングラスの着用で認識できない.

　センサによるデータの取得については, 虹彩の模様は暗くて識別しにくいことから, 赤外線LEDを照射して模様を読み取るのが一般的である. 撮影画像から虹彩部分のみを抽出して, その色情報をディジタル化することで数値に変換する.

(d) 静脈認証

　静脈認証は, 指や手のひらにある静脈のパターンによる認証である. 静脈は体内にあることから, 外的要因を受けにくく, パターン完成後は経年変化しにくいと考えられている. 遺伝的影響を受けず, 左右の手で異なるという特徴がある. 体内のパターンを見るため, 怪我をしていても問題がない. また, 一般的にデータの採取が難しく, 他人に知られたり, 偽装されたりするリスクが低い.

　欠点としては, 運動後や入浴後に血管の膨張があるため認証されにくくなる点や, ハンドクリームや日焼け止めクリーム等の塗布により, 光を反射してしまい認証されにくくなる点が挙げられる. また, 比較的認証用のデータが大きくなりがちであるということも欠点かもしれない.

　データの取得は, 血液中の還元ヘモグロビンが近赤外線を吸収することを利用している. 近赤外線を当てて反射した光を検知するものと, 上から近赤外線光源を当てて透過した光を検知するものがある.

(e) DNA認証

DNA認証は, DNAすなわちデオキシリボ核酸と呼ばれる約30億個の塩基配列を基にした認証方式である. アデニン（A）, グアニン（G）, シトシン

（C），チミン（T）の4種類の塩基の配列であり，らせん構造になっている．他人受入率は 10^{-18} 程度と非常に低く，生涯不変である．ただし，DNS の採取や分析には時間的コスト，経済的コストがかかるため，現時点ではリアルタイム認証には向かないと言える．DNA 情報を盗むことは比較的容易く，例えば部屋から毛髪を拾うだけで良い．また，プライバシー問題（例えば親族の情報がばれてしまうというイメージ）により，抵抗感が生じやすい．しかし，実際には認証に用いられる部分は遺伝情報を含まない部分である．

DNA の取得には，口腔を綿棒で軽くこすることで粘膜の細胞を採取し，そこから DNA を採取することで，DNA-ID と呼ばれる識別情報を生成する．粘膜の採取自体は自身でできるが，分析については専門機関に依頼することになる．

(f)　その他のバイオメトリクス認証

ここまで紹介してきたもの以外にも，目の網膜の静脈パターンによる網膜認証（静脈認証の一種）や，声紋と呼ばれる声の動的特徴を利用する声認証，筆跡（静的署名）や運筆速度（動的署名）等から識別する署名認証等がある．

4.5.4　セキュリティ問題

バイオメトリクス認証を用いる上で，情報セキュリティの観点から気をつけなければいけない点がいくつかある．できる限りセキュリティ上の問題をもっていないバイオメトリクスが良い．ここでは，セキュリティ上のリスクを考える上で重要となるバイオメトリクスの特性をいくつか紹介する．

まず，攻撃者が本人の同意なくバイオメトリクスを収集してしまう「不同意収集」である．例えば，指紋であれば使用したコップを回収することで得られるし，写真や動画から顔認証のためのデータが得られる．攻撃者にとって不同意収集を行える機会は比較的多いため，気をつけなければならない．

次に，不同意収集されたあとの話であるが，そのバイオメトリクスを交換できるかどうか，すなわち「交換不可」という特性である．例えば，指紋であれば，認証システムに登録してある指を交換すれば良いが，DNA は交換することはできない．

「本人特定」は，バイオメトリクス単体で本人の特定が可能になる特性である．例えば，ある指紋が与えられたとしても，それが誰の指紋なのか特定するのは非常に難しい．一方，顔画像であれば，比較的特定をしやすいと言える．

118　第4章　認証技術

「副次情報」は，識別以外の副次的情報が得られるかどうかという特性であり，わかりやすい例がDNA認証である．DNA認証は本人の認証だけではなく，親子関係等を得ることができる（認証自体は遺伝情報を用いないと説明したが，採取する粘膜細胞自体は親子関係を調べることも可能であるという意味である）．

代表的なバイオメトリクスが，これらの特性を満たすかどうか（バイオメトリクス認証に用いるために適しているかどうか）を表4.2に示した．

表4.2　各バイオメトリクスの認証に適する特性の有無一覧

	不同意収集	交換不可	本人特定	副次情報
指紋	×	○	○	○
顔	×	×	×	×
虹彩	○	○	○	○
静脈	○	○	○	○
DNA	×	×	○	×

4.6　まとめ

第4章では，コンピュータを利用する上で最も重要な技術の一つである認証技術について扱った．ユーザが本物であるか確認するユーザ認証技術や，メッセージ等のデータが本物であるか確認をするディジタル署名技術など，多くの認証技術によって，正しい情報を正しいユーザが扱えるようになっている．基本的には，ユーザの立場として意識するものは少ないが，例えば二段階認証が有効であれば必ず使ったり，ブラウザから証明書エラーが出たときはよく確認したり，できることをしていくと，安全度が大きく増すため，ぜひ普段から実践したいところである．

5

暗号資産

　かつては仮想通貨と言われていた暗号資産（クリプトカレンシー）は，国家や中央銀行が発行する法定通貨ではなく，インターネット上でやりとりできる財産的価値[41] である．

　物理的な通貨ではなくディジタル形式で存在し，分散型台帳技術であるブロックチェーンを使用して取引される．中央機関の管理を受けずに運用されるため，銀行システムや政府に依存しない自由度の高い資産として注目されている．

　暗号資産は，ビットコインをはじめとして数千種類存在し，それぞれに特有の特徴や目的がある．代表的な暗号資産としては，ビットコインやイーサリアムなどがある．第5章は，時価総額1位[42] の暗号資産であるビットコインに着目して話を進めていく．

5.1　ビットコイン

　ビットコインは，通貨単位は BTC と表わされる暗号資産であり，次のような特徴を持っている．

- 取引にブロックチェーンを使用している
- 中央銀行が関与していない
- 取引台帳はインターネット上に分散保存される
- 発行枚数に上限がある
- 世界中にリアルタイムで送金できる

まず，ブロックチェーンと呼ばれる技術が用いられているのが大きな特徴である．ブロックチェーンとは，ブロックと呼ばれるデータの塊の中にそれまでの取引データ（トランザクション）を保存し，それらをチェーンのようにつなぎ合わせたものを分散管理する仕組みのことをさす．ブロックチェーンについては，5.1.2項で扱う．

通常の法定通貨は中央銀行が関与しているため，その価値がある程度保証されている．しかし，ビットコインをはじめとする暗号資産は，中央銀行が関与していないため，その価値を保証する組織が存在しない．ただし，運営組織に近い開発者や協力者のグループは存在しており，流通量の調整等を行っている．

中央銀行が存在しないことで，取引情報を管理して信頼性を担保する組織がない．その代わり，ビットコインの取引情報は，ビットコインネットワークに属するパソコン等の端末全体で信頼性を担保している（図5.1）．全員で共有することで，改ざんしないように互いに見張ることもできるし，誰かのパソコンが故障しても問題なく動作することもできる．

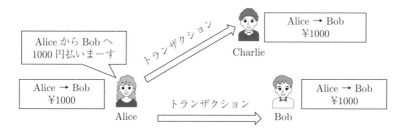

図 5.1 取引情報はネットワーク全体に送信されて共有される

5.1.1 トランザクション

暗号資産の取引情報の考え方は，法定通貨を預けておく普通銀行とは異なる．普通銀行の場合，コンピュータセンタに設置されたコンピュータにより，各口座が管理されており，口座毎に入出金情報が記録されていく．

一方，ビットコインの場合，取引情報は口座ごとに管理されているわけではなく，前のトランザクションに紐付けられる．イメージしにくいと思うため，具体的に見てみる．

普通銀行の場合は口座ごとの管理であるため，例えばAliceの銀行口座があ

り，現在 100,000 円の残高があるとする．また，Bob と Charlie は残高が 1,000 円の口座を持っているとする．この状態で「Bob と Charlie に 10,000 円ずつ振り込む」という取引を行った場合，Alice の口座には振り込むための 20,000 円以上の残高があるため取引が成立し，Alice が 80,000 円，Bob が 11,000 円，Charlie が 11,000 円の残高になる（図 5.2）．

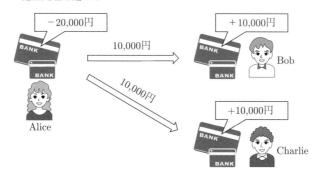

図 5.2 普通銀行の取引内容は口座ごとに管理される

次に，ビットコインの場合を考える．まず，Alice がビットコインの口座を持っており，直前に，Eve から 100,000 円を送金（これをトランザクション A とする）してもらっているとする．ここで，Alice は Bob に 10,000 円送金したいと考えている．この場合，トランザクション A を基にトランザクション B を新たに作成する．そしてトランザクション B には，Bob に 10,000 円送金，Charlie に 10,000 円送金，Alice に 80,000 円送金と記す（トランザクション B とする）．トランザクション B が有効になった時点でトランザクション A が無効となる（図 5.3）．

このように，ビットコインと普通銀行とでは，取引管理の考え方が異なる．

5.1.2 ブロックチェーン

ブロックチェーンとは，各ユーザのトランザクション（取引データ）をブロックに入れて，つなげることでつくられる．一番はじめのブロックをジェネシスブロックと呼び，ジェネシスブロックに取引をつなげていく（図 5.4）．

各ブロックには，ディジタル署名付きのトランザクションや前のブロックの

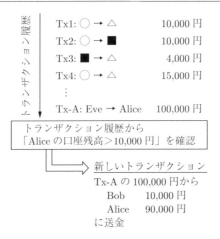

図 5.3 ブロックチェーンに基づいた暗号資産は過去のトランザクションがベースとなって新たなトランザクションが生成される

図 5.4 ブロックチェーンはブロックどうしが鎖状につながっている

ハッシュ値，そしてナンスと呼ばれる調整用の値等が入っている．トランザクションにディジタル署名がついていることで，ブロックチェーンに組み込まれる前に改ざんされることを防いでいる．また，前のブロックのハッシュ値を保存していることから，ブロックチェーンに組み込まれた後に改ざんされることを防いでいる．厳密に言えば，改ざんを行ったブロック以降のハッシュ値をすべて書き換えれば改ざんが可能であるが，実質的に不可能である．これについては 124 ページでもう少し詳しく説明する．

5.1.3 取引時の処理

取引内容の考え方が普通銀行とビットコインとでは異なることはすでに述べた．ここでは，もう少し具体的に処理の流れについて紹介する．

Alice が Bob へビットコインを送金したい場合を想定する．まず，Alice はビットコインの取引を行うためのアカウントが必要である．そこで，公開鍵と

秘密鍵のペアを生成し，さらに公開鍵からアドレス（口座番号に相当）を生成する．そして，誰かからビットコインを送金してもらうか，法定通貨を用いて暗号資産の取引を行い，ビットコインを手に入れる．これで Bob への送金の準備が整ったため，次のような処理で送金を実行する．なお，Alice のアドレスを X，Bob のアドレスを Y とする．

1. 「X から Y へ 1 BTC 送金」というメッセージをつくり，自身の秘密鍵でディジタル署名を生成
2. ビットコインネットワークへ署名付きメッセージをブロードキャストする

ビットコインネットワークとは，ブロックチェーンに参加している世界中の端末（ノード）のネットワークである．一方，ブロードキャストを受け取ったビットコインネットワークのノードは，取引をすぐにブロックチェーンへつなげるわけではなく，次のような処理が行われる．

- 検証フェーズ
  1. ディジタル署名を公開鍵で検証する
  2. 検証が通れば，トランザクションがブロックへ格納される
- 承認フェーズ
  1. マイナーが探索パズルを解く
  2. 探索パズルが解けたらブロックをブロックチェーンにつなげる
  3. つなげたブロックをビットコインネットワークへブロードキャストする
  4. つなげるブロックを受け取ったノードは自身のブロックチェーンにもつなげる

マイナーとは，探索パズルを解く端末のことである．端末パズルとは，「あるブロックのハッシュ値が，一定以下になるようなナンスを見つける」という問題のことである．ブロックの構成は，図 5.5 に示すように，前のブロックのハッシュ値，タイムスタンプ，トランザクションのマークルルート，ナンス，署名付きのトランザクションなどが含まれている．ナンスは number used once の略であり，使い捨ての数の意味である．新しいブロックをつなげるためには，前のブロック（現時点でブロックチェーンの最後尾）のハッシュ値が一定以下でなければならないというルールになっており，その問題を解くための効率的

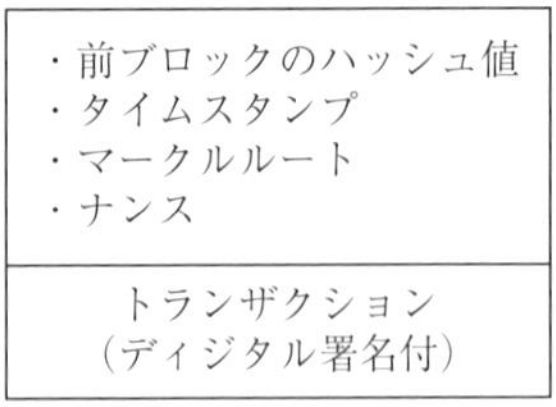

```
・前ブロックのハッシュ値
・タイムスタンプ
・マークルルート
・ナンス

トランザクション
（ディジタル署名付）
```

図 5.5 ブロックの構成図

な方法は存在せず，「前のブロックのナンスを調整してハッシュ値を計算する」という作業をひたすら行うしかない．そして，設定された値を下回るハッシュ値が得られた場合は，そのナンスが前のブロックに書き込まれることでブロックが完成し，新しいブロックがつなげられる．

なお，桁数を固定で考えたとき，「ある値以下」というのは，「先頭の 0 の個数が一定以上」と考えることができるため，「先頭に 0 が○個以上つづくハッシュ値を探す」という問題を解いていることになる．この先頭の 0 の個数が多く設定されるほど問題の難易度が高くなって，パズルを解くための時間が多く必要になってしまう．そこで，通常その時点での最大性能のコンピュータを使った場合に約 10 分で正解が出るように調整することになっている．また，探索パズルを最初に解けた人には報酬が与えられる．2024 年 1 月時点では，1 ブロックあたり 6.25 BTC である．ただし，個人で所有するコンピュータでは性能に限界があるため，多くのマイナーはグループをなし，分担してパズルを解いている．

この探索パズルの難易度設定は，攻撃者にとっても影響を与えている．すなわち，トランザクションの改ざんをしようとした場合，そのブロック内のトランザクションの内容が変わることで，ブロックのハッシュ値が変わる．したがって，探索パズルの条件（先頭に 0 が○個以上つづく）が満たされなくなるため，ナンスの再調整が必要となる．再調整には，そのブロックが生成された当時の最大性能のコンピュータを用いて約 10 分かかり，それを解いているうちに，新しいブロックがつながっていくため，新しいブロックのところへ追いつくのは非常に困難である．さらに，その困難に対して労力を割くよりも，探索パズルを解き報酬を獲得したほうが良い，と思わせるのもまた攻撃者のモチベーションを下げる効果があると考えられる．

5.2 ビットコインへの攻撃

過去のトランザクションの改ざんについては，ナンスの再調整が発生するため困難であるということは，すでに述べた．実は，他にもビットコインへの攻撃手法については，さまざまなものが報告されている．ここでは代表的なものを紹介する．

5.2.1 51%攻撃

マイナーが探索パズルを解くとき，どの程度の速さで解いているのであろうか．それを示すものに，ハッシュレートという指標がある．ハッシュレートは1秒間あたりのハッシュ値の計算回数を表わすもので，単位は「H/s」である．ハッシュレートが高いほど，多くのナンスについてハッシュ値を計算することができるため，早く正解にたどり着く可能性が高くなる．

ところで，もしも攻撃者が全マイナーのハッシュレートのうち，半分を占めたとすればどうであろう．そのときは，非攻撃者に比べて攻撃者のほうが多くのナンスを検討することができ，早く正解を見つける確率が高くなる．もちろん試すナンスの順番等で異なるかもしれないが，平均すると，多くのケースで攻撃者が探索パズルを解くことができる．すなわち，攻撃者は報奨金により，多くの利益を生むことになる．これを，51%攻撃と呼ぶ．

また，過半数のハッシュレートを占めることで，Block Withholding 攻撃（5.2.2 項）や二重支払い攻撃（5.2.3 項）が可能になる．

5.2.2 Block Withholding 攻撃

Block Withholding，すなわちブロックを公開するのではなく手元に隠し持っておく攻撃である．あえてブロックを隠し持っておくことで，どのような利点があるのであろうか．

実は，ブロックチェーンのルールの中で，「最も長いブロックチェーンが正当なものである」というものがある．ブロックチェーンのトランザクションの処理においては，ブロックの検証・承認フェーズで，新しくブロックがつなげられると，ブロードキャストによって全体に共有される．つまり，多くつながっているものが最新のブロックチェーンなのである．それを利用した攻撃がBlock Withholding 攻撃であり，次のような手順で行われる．

126 第5章 暗号資産

1. 隠し持っていたすごく長いブロックチェーンをあるタイミングで公開

2. 攻撃者が公開したブロックチェーンを世界中のノードが正当なものと判断

3. それ以降のブロックも攻撃者が用意したブロックチェーンにつなげられる

ただし，正規のブロックチェーンを超える長さのブロックチェーンを公開しなければ意味がない．正規のブロックチェーンもそれまでのトランザクションによって長くなっているが，攻撃者はそれよりも長いブロックチェーンを生成することは可能なのであろうか．実現するためには，ネットワーク全体のハッシュレートの50%を超えるハッシュレートがあれば，正規のブロックチェーンよりも速くチェーンを伸ばすことが可能である．

5.2.3 二重支払い攻撃

二重支払い攻撃は，同じ暗号資産を二重に送金する攻撃である．攻撃の準備として，3つの口座X，Y，Zを用意しておく．そして，次の手順で送金を行う．

1. XからYへ1BTC送金する（トランザクションT1）

2. トランザクションT1がブロックチェーンに登録される

3. 口座Yの1BTCを取引所へ移動して法定通貨に換金する（トランザクションT2）

4. トランザクションT2がブロックチェーンに登録される

5. 手元に隠し持っておいたブロックチェーンに「XからZへ1BTC送金」のT3を登録

6. Block Withholding攻撃で手元のブロックチェーンを有効化させる

最後のBlock Withholding攻撃が成功すれば，T1とT2が無効化され，T3のみが残る．その場合，T2で換金した1BTC相当の法定通貨は手元に残ったままになり，さらに口座Zに1BTC入っている状態である．二重支払い攻撃は，Block Withholding攻撃を利用していることから，51%攻撃が実現できなければならないことがわかる．

5.2.4 Selfishマイニング攻撃

Selfish（利己的）マイニング攻撃は，探索パズルが解けたブロックを公開せずに，そのまま隠し持っておき，次につながるブロックの生成をする攻撃である．

5.2 ビットコインへの攻撃　127

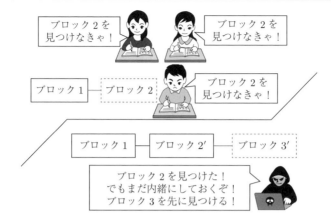

図 5.6 Selfish マイニング攻撃の概要

　図 5.6 にイメージを示す．すでにブロック 1 が存在しており，ネットワーク全体がブロック 2 を結合するために探索パズルを解いているところである．そのとき，攻撃者がブロック $2'$ を結合することに成功したあとも公開せず，そのままブロック $3'$ の生成を試みるとする．他のマイナーは引き続きブロック 2 を結合することに注力し，それに成功したかどうかに関わらず，攻撃者がブロック $3'$ を結合したブロックチェーンを公開する．このとき，他のマイナーのマシンパワーを無駄にすることが，Selfish と言われる理由である．

　実は，ブロックチェーンには，最長のブロックを信頼するというルールがある．したがって，攻撃者が公開した最長のブロックが採用されることになり，ブロック $2'$ とブロック $3'$ の報酬を手に入れることができる．

　すでに紹介した Block Withholding 攻撃等は，いずれも 51%攻撃であり，ネットワーク全体の過半数のハッシュレートを所持していなければならなかったが，Selfish マイニング攻撃の場合は，最悪の状況であってもネットワーク全体の $\frac{1}{3}$ あれば利益を生む可能性があり，さらに平均的にはネットワーク全体の $\frac{1}{4}$ のハッシュレートがあれば良いことが示されている[43]．すなわち，一方の Selfish マイニング攻撃は，たとえ非攻撃者のマイナーが，正規のブロックチェーンにブロックをつなぎ合わせようとした場合でも，攻撃者のハッシュレートがネットワーク全体の $\frac{1}{3}$ 以上であれば成功する．実際には，悪意のあ

128　第 5 章　暗号資産

る者が公開したブロックチェーンなのかということはわからないため，非攻撃者のマイナーが全員正規のブロックチェーンにつなげる可能性は低く，全体の $\frac{1}{4}$ のハッシュレートを所持していればこの攻撃が成功する可能性がある．

5.3　信頼性の担保

暗号資産への攻撃をいくつか紹介したが，基本的には攻撃者がどれほど多くのハッシュレートを所持しているのかが重要な点となっている．しかし，攻撃者のマシンパワーだけが脅威ではない．暗号資産を利用する側がセキュリティに気をつけなければやはり危険が状況となる可能性もある．

例えば，普通銀行の口座は，キャッシュカードと暗証番号が盗まれたと気づいた段階でロックをかければ被害を最小限に抑えることができる．それは，クレジットカードの場合でも同様であり，カードとセキュリティコードが盗まれたと気づいた段階でロックをかければ良い．一方の暗号資産の場合も同じであろうか．暗号資産の場合，暗証番号に相当する「秘密鍵」を奪取されたとしたら，不正送金の被害を止めるのは難しい．当然，パソコンをオフラインにしても意味がなく，攻撃者よりも早く安全な別口座に送金を完了させなければならないからである．

攻撃者はどれほど素早く不正送金をするのであろうか．実際に起こった事例を紹介する．2018 年 1 月 26 日に，コインチェック社が顧客から預かっている暗号資産 5 億 2300 万 XEM（当時 580 億円相当）の NEM を不正送金された．図 5.7 はそのときのトランザクションである（トランザクションは誰でも閲覧できる [44] 状態である）．NC4 からはじまるアドレスが確認できると思うが，これが攻撃者の用意したアドレスである．

初回は 0 時 2 分 13 秒に 10 XEM だけ送金されており，2 回目は 0 時 4 分 56 秒に 100,000,000 XEM の送金，その後 0 時 9 分 22 秒までの約 7 分間に合計約 5 億 XEM の送金が確認できる．このように，攻撃者は不正送金ができる状況になれば，一気に不正送金を行うため，気がついてからでは間に合わないことが多い．したがって，キャッシュカードの暗証番号等とは比にならないほど秘密鍵は重要なものであり，安易に使用してはならないものということである．

ところで，暗号資産は公開鍵や秘密鍵を使用しているが，4.4.4 項（d）で紹

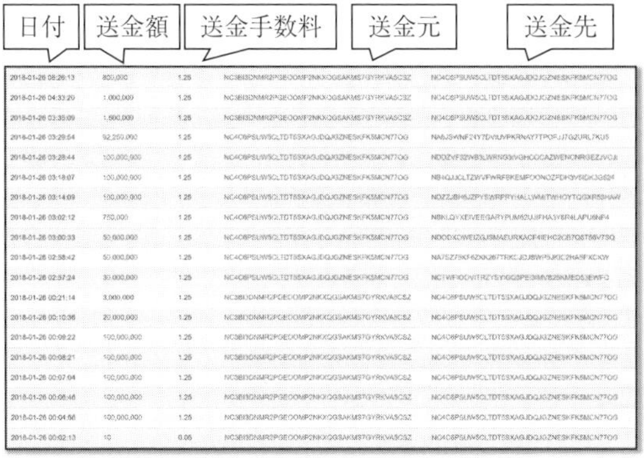

図 5.7 コインチェック社から不正送金されたときのトランザクション（BlockChain Explorer[44] のスクリーンショット）

介した公開鍵認証基盤は採用されていない．公開鍵認証基盤は公開鍵の真正性，すなわちその公開鍵が「本物」であることを認証局が保証するシステムである．暗号資産も公開鍵暗号技術を利用しており，例えばトランザクションに秘密鍵でディジタル署名を付して，それを検証したりしている．しかし，暗号資産において，公開鍵の所有者が誰なのかということはそこまで重要視されていない．それでは，何を重要視しているのかというと，公開鍵に紐づいたアドレスに，トランザクションを実行するための残高があるのかということである．すなわち，暗号資産は公開鍵認証基盤によってシステムの信頼性を保証しているのではなく，残高によって各アドレスの信頼性を保証していることになる．

　ただし，ブロックチェーン技術は暗号資産以外でも使用している場合がある．その場合は残高ではなく，システムの信頼性を必要とする場合もあり，公開鍵認証基盤技術を併用するべきであることには注意が必要である．

5.4　まとめ

　第 5 章では，暗号資産の中でも時価総額が第 1 位のビットコインに関する技術を紹介した．

　暗号資産は，ブロックチェーン上での取引記録によってその価値と所有権が確立される．これにより，従来の通貨システムでは不可能であった速度と透明性での取引が可能となる．また，ブロックチェーン技術により，取引の安全性

や信頼性が高く，改ざんや偽造が極めて困難になる．

確かに暗号資産の技術的な部分は多少難しいところがある．しかし，これまでの法定通貨とは異なる比較的新しい概念によるものであるからこそ，基礎的知識を身につけることで，信頼できるものなのかどうかを判断できることもある．誤った噂に惑わされず，可能であれば自身でその価値を判断できるようになることが望ましい．

6

日常生活における
情報セキュリティ

　情報セキュリティを脅かすのは，サイバー攻撃やマルウェアばかりではない．普段，コンピュータやスマートフォン等の端末を扱う中で，自身が気をつけていなければ知らないうちに被害者にも加害者にもなる可能性がある．
　第6章では，日常生活の中で気をつけるべき部分を紹介する．

6.1　情報の真偽

　誰でも気軽に情報発信ができ，さらに多くの人の情報を得ることができるSNSは多くの人が使っているツールである．しかし，誰でも気軽に使えるが故に，気が緩みやすくなる場でもある．自身が情報を発信する場合でも，誰かが発信した情報を受け取る場合でも，それぞれ気をつけなければならないポイントがある．

6.1.1　情報の発信時に気をつけること

　主に気をつけなければならないのは次の点である．
　1.　個人情報を送信しない
　2.　嘘の情報を拡散しない
　1点目の「個人情報」は，個人情報保護法で規定されているものだけを指しているのではなく，個人につながる情報全般のことである．例えば，個人情報保護法で言われている個人情報の定義は次の通りである．

生存する個人に関する情報であって，当該情報に含まれる氏名，生年月日その他の記述などによって特定の個人を識別できるもの（他の情報と容易に照合することができ，それによって特定の個人を識別することができることとなるものを含む.），または個人識別符号が含まれるもの.

　つまり，氏名や生年月日など個人を識別できる情報を個人情報と呼ぶ．もちろんこれらを SNS 等で発信するのは，さまざまなリスクがある．しかし，それだけではなく，例えば次のような情報も発信するとリスクを伴うことが想像できるであろうか.

- 部屋の写真
- 部屋から見える風景
- 今どこにいるのか（逐次発信）
- バッグに付けているキーホルダー
- ジョギング等のアクティビティの経過

　「部屋の写真」は，例えば映り込んだ教科書や参考書，制服等で住んでいる地域が絞り込めたりする．「部屋から見える風景」も同様に，景色から大体の位置が把握できることが多い．「今どこにいるのか」については，例えば一人暮らしの状態で外出先にいることを発信すれば，家が留守であることを宣言しているのと同義であるし，移動のたびに発信すれば行動パターンが把握されて，そこから自宅との位置関係を把握される可能性も出てくる．「バッグに付けているキーホルダー」は，何も問題がないように思えるが，それが特殊なものであった場合，本人特定の材料となってしまう．「ジョギング等のアクティビティの経過」は，例えば今ジョギングでどのへんを走っているのかという情報を発信することで，行動パターンを推測されたり，自宅位置が推測されたりする.

　またここでは挙げていないが，よく言われるのが画像を撮影したときに，位置情報が埋め込まれており，それを公開することで，どこで撮影されたのかがわかるというものがある．実際，スマートフォン等の設定によっては位置情報が記録される．有名な SNS では自動で位置情報を消す使用になっている場合も多いが，簡単に位置情報等を削除できるアプリもあるため，位置情報が重要でなければ削除するほうが良い.

　その他，個人に関するような情報は多くあるため，情報発信のときには本当

に発信して良いのかを何度か確認をしてから発信をすることを心がけてほしい.

情報発信時に気をつけなければならないことの2点目,「嘘の情報を拡散しない」は,SNSに限らずインターネットは一度広まったものを取り下げることは難しい. 例えば,友人同士のいたずらで「犯罪者が近くにいる」等の冗談をSNSで流したとする. すると,その友人に限らず,それを見た人が信じてしまう可能性もある. 冗談ではなく,本当にそう思ったとしても,誤った情報を流すことがないように,事前に真偽をしっかりと見極めて,それが確認できない場合は情報発信をするべきではない.

その他に情報発信時には,法律・条例に背くような行為をしないように気をつけたり,他人を傷つけたり不快に思わせるようなことを避けたりといった,普段のコミュニケーションでも気をつけなければならないことは,インターネット上でも気をつけなければならない.

さらに,一度インターネット上に出回った内容は完全に消去することはほぼ不可能である. 一時の感情に任せて,愚かな発言をしてしまうと,その後の人生でそれが枷(かせ)となってしまうこともある. 情報発信時には,本当に発信するべき内容なのかどうかを冷静に判断する力が必要となる.

6.1.2 情報の受信時に気をつけること

インターネットは,SNSに限らずさまざまな情報があふれている. 有益な情報もあれば,根拠のない情報も多くある. インターネット上から得られた情報をすぐに鵜呑みにするのではなく,その情報の真偽を判断するために,例えば複数の情報源で調べる等その根拠をしっかりと確認するようにするべきである.

また,入手した情報をいち早く他の人にも伝えたいと思い,それをさらに自分から発信する場合もあるかもしれない. しかし,その情報が真実であるという確信が持てない場合は,情報の発信をするべきではない. それによって混乱を招いてしまったり,信用をなくしてしまったりする可能性もあるため,注意が必要である.

6.2 公衆無線 LAN

公衆無線 LAN は,Wi-Fi スポット,フリースポット,パブリック Wi-Fi など,呼び名は多くあるが,いずれもカフェや電車のホーム,ホテルなどで使用

できる無線 LAN サービスである．総務省の調査[45]によれば，日本人が観光先でインターネットへ接続する手段として，約8割の人が訪問先の公衆無線 LAN サービスを利用しており（図 6.1），また，情報処理推進機構の調査[46]では，公衆無線 LAN で，利用しているサービスとして Web ページ等の閲覧が最も多いという結果になっている（図 6.2）．

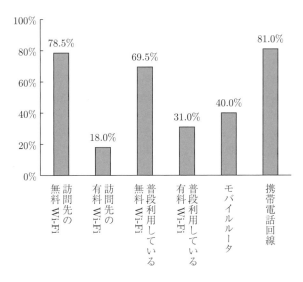

図 6.1 日本人が観光先で利用したインターネット接続手段（文献[45]より筆者作成）

しかし，公衆無線 LAN の利用には，次のような脅威が潜んでいる．
- 盗聴
- なりすまし
- 悪意を持ったアクセスポイントの設置

ここでは，これらについて詳しく学ぶ．

6.2.1 無線 LAN の規格

まず，無線通信の規格について簡単に紹介しておく．無線通信には，Wi-Fi だけではなく Bluetooth や ZigBee など多くの種類が存在している．その中の Wi-Fi については，基本となる規格として米国電気電子学会（Institute of Electrical and Electronics Engineers, IEEE）が定めた IEEE802.11 が存在する．IEEE802.11 はさらに細かく別れており，それぞれアルファベットが付さ

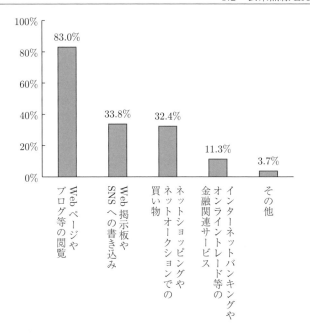

図 6.2 公衆無線 LAN 等で利用しているサービス（文献[46] より筆者作成）

表 6.1 IEEE で定められた無線通信規格の一例

規格	周波数帯	最大速度	Wi-Fi バージョン
IEEE802.11a	5 GHz 帯	54 Mbps	
IEEE802.11b	2.4 GHz 帯	11 Mbps	
IEEE802.11g	2.4 GHz 帯	54 Mbps	
IEEE802.11n	2.4 GHz 帯/5 GHz 帯	600 Mbps	Wi-Fi4
IEEE802.11ac	5 GHz 帯	6900 Mbps	Wi-Fi5
IEEE802.11ad	60 GHz 帯	6800 Mbps	
IEEE802.11ax	2.4 GHz 帯/5 GHz 帯	9600 Mbps	Wi-Fi6

れている．有名なものを表 6.1 に示す．

最大速度は理論値であり，1 Mbps は 1 秒間に 1 M ビット＝125 K バイトの伝送が可能であることを表わす．2.4 GHz 帯は ISM (Indutrial, Scientific and Medical) バンドと言われ，多くの家電等でも用いられる周波数帯域であり，使用に特別な免許を要しない周波数帯域である．したがって，例えば電子レンジ等の近くでは互いの電波が干渉して通信が不安定になる場合もある．一方の

5 GHz 帯は屋外での利用に条件が存在する．基本的に周波数が高いほど，通信速度は向上するが障害物に弱くなる．したがって，障害物（たとえば壁）がある場合は低周波数，逆に障害物がなければ高周波数が良い．また，他の電波を発する家電が付近にある場合は 2.4 GHz 帯の電波を避けたほうが良い．なお，近年は IEEE による規格ではなく，Wi-Fi のバージョンで示すようになっている（図 6.3）．

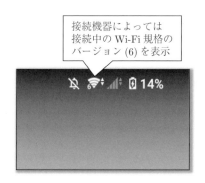

図 6.3 スマートフォンにおける Wi-Fi バージョンの表示例

6.2.2 SSID と接続方式

無線通信は，複数の電波が飛び交っていることが普通であり，接続をしようとしたときには，どのネットワークに接続するのかを明示しなければならない．そのときに使用されるのが SSID（Service Set IDentifier）である．

普段，Wi-Fi に接続しようとしたときに，選択可能なものがリスト表示される（図 6.4）．この名称が SSID であり，異なる SSID は異なるネットワークを表している（偶然，別のネットワークが同じ SSID を使用している場合もあるが，混乱を招くことになるため，他の SSID と重複しないものを設定すべきである）．

SSID によりどのネットワークに接続するのかを決定したら，そのネットワークが許可している接続方式で接続しなければならない．ここでいう接続方式は，通信時の暗号化や認証などを定めたものであり，次のようなものがある．

- WEP
- WPA

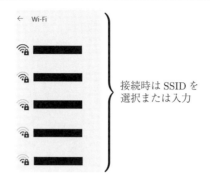

図 6.4　Wi-Fi へ接続するときは SSID を選択または入力しなければならない

- WPA2
- WPA3

WEP は，共通鍵認証方式かつ RC4 暗号化アルゴリズムを使用したもので，すでに，短時間で通信内容を復号されることがわかっている脆弱性のある方式である．もしも WEP で使用できる公衆無線 LAN サービスがあったとしても決して接続してはならない．WPA は WEP の改良版で，一定間隔で共通鍵を変える TKIP という方式を併用したものである．しかし，WPA も攻撃に対して脆弱である．

WPA2 は WEP や WPA と比べると安全ではある．ただし，同じ WPA2 でも，WPA と同じ TKIP を用いたものと，AES を用いたものが存在し，AES を用いた方がセキュリティ的に強い．実は 2017 年にアルゴリズムの根本的な部分に脆弱性が指摘されており，今後は使用を避けたほうが良い．ただし，2024 年 1 月現在でもまだ主流の方式である．WPA2 の脆弱性の発見を受け，WPA3 が提案された．現在最も新しい規格であり，最も安全な方式である．公開後にいくつか脆弱性が指摘されているが，いずれもアップデートで対応されている．なお，WPA2 や WPA3 には，個人用（WPA2 Personal）と企業用（WPA2 Enterprise）が存在する．

可能な限り WPA3 を用いて，WPA3 に対応していなければ WPA2 を用いての通信を行い，WPA や WEP による通信は通信内容の解読リスクを伴うため，基本的に避けるようにしてほしい（図 6.5）．

図 6.5 Wi-Fi へ接続するときの接続方式には複数の種類が存在するができるだけ最新の WPA3 を使うべきである

6.2.3 リスク

公衆無線 LAN サービスを利用する上で絶対に注意しなければならない点は次の 2 点である．

- 重要な情報は送受信しない
- 接続先の安全性を確認

それぞれ詳しく見ていく．また，攻撃者による接続先のコントロールについてもあわせて紹介する．

(a) **重要な情報は送受信しない**

公衆無線 LAN に限らず，Wi-Fi での接続時には WPA3 などの暗号化方式が選択される．この暗号化は無線 LAN を提供しているルータと呼ばれる機器と接続している端末との通信である．すなわち，端末から Wi-Fi を通して送信されたデータは WPA3 などで指定された通信方式を用いて暗号化された状態でルータに届くが，ルータ内部で復号され，それ以降は本来の通信内容に基づいて行われる（例えば HTTPS 通信であれば引き続きアクセス先のサーバまで暗

号化されているが，HTTP 通信であれば平文通信である）．

このとき，攻撃者が付近にいるとして，通信内容がばれることはあるのであろうか．答えは Yes である．例えば WPA2 を用いた通信の場合は考える．WPA2 は AES による暗号化を行うことができるが，そのための共通鍵を生成するために必要な値を平文でやりとりする．すなわち，あるユーザが WPA2 によって無線 LAN ルータに接続をする場合，通信内容をはじめから傍受した攻撃者がいた場合は，攻撃者も通信用の鍵を生成できるということになる．鍵を生成されたら，もちろん通信内容の復号も可能であるということである（図 6.6）．

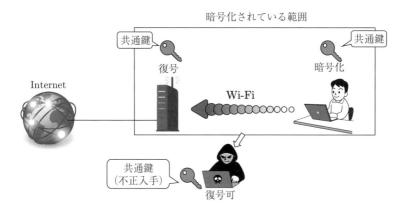

図 6.6 無線 LAN ルータとの共通鍵を盗まれたら通信がすべて筒抜けになる

それでは接続時だけ気をつければ良いのかというと，そういうわけでもない．例えば攻撃者が妨害電波を出すことでユーザの接続状況を不安定にして，再接続を促せば改めて鍵生成のやり取りがはじまり，それを傍受することができる．

つまり，WPA2（AES）を利用しているから通信データは安全というわけではなく，いつ，誰に傍受されているのかわからないという気持ちが大切となる．したがって，公衆無線 LAN 等ではアカウント情報や個人情報等を入力することを避け，傍受されても構わない利用方法を行うと良い．

ちなみに WPA3 では，無線 LAN ルータと接続端末とが，それぞれ自身で鍵の生成を行うため，上で述べたような鍵の漏洩のリスクはなくなっている．そういう意味でも，可能な限り WPA3 を用いたほうが良い．

ちなみに，法律的に無線通信のデータを傍受することは違法なことなのであ

ろうか．実は，無線 LAN ルータの設置事業者によって適用される法律が変わるため，状況が異なってくる．無線 LAN ルータの設置事業者が電気通信事業者と呼ばれる事業者の場合は，電気通信事業者法が適用され，第 4 条で知得・窃用・漏洩が禁止されている．一方で，無線 LAN ルータの設置事業者が電気通信事業者ではない場合，電波法が適用され，第 59 条で窃用と漏洩が禁止されている．

ここで，知得とは積極的に知る行為を指し，この場合は傍受しようとして傍受する行為が該当すると思われる（自然と受信してしまう場合は該当しない）．窃用とは，通信している当事者の意思に反して利用することを指し，この場合は内容を見ようと思って見る，つまり暗号化されているデータを復号することが該当すると思われる．また，漏洩とは第三者に漏らすことである．これは例えば他者に情報を売ったり，公開したりする行為である．あくまで法律の解釈は司法の場で行われる問題であるため，上で書いた文言が絶対ではないということには注意してほしい．

しかし，無線 LAN ルータの設置事業者はわかりづらく，例えば全国的に有名なカフェが提供している公衆無線 LAN が，実は電気通信事業者が設置したものであったりするため，注意が必要である．

(b) 接続先の安全性を確認

公衆無線 LAN サービスを利用する上で絶対に注意しなければならない点の 2 点目，接続先の安全性の確認であるが，これは二つの意味がある．つまり，接続しようとしているネットワーク（SSID）が本当に安全なものなのか，という確認と，そもそもその SSID は接続しようとしているネットワークなのか，という確認である．

例えば図 6.7 では，「Secure4Free」という SSID と「Anzen」という SSID が見える．これらは本当に信頼できるネットワークなのかということを確認する必要がある．確認と言っても詳しく調査するという意味ではなく，例えば「無料で接続できそうだから接続する」等の考え方ではなく，公衆無線 LAN サービスを展開している店舗に来店したときに，そのサービスの SSID を事前に調べ ておき，接続時にその SSID を確認して接続する，程度の確認でも十分である．

ただし，図 6.7 に示しているように，「Anzen」という SSID を提供している無線 LAN ルータが複数あるような場合もある．SSID は基本的に無線 LAN

6.2 公衆無線 LAN 141

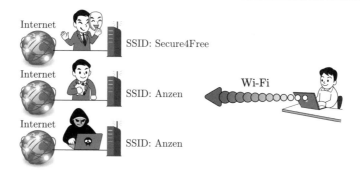

図 6.7 接続先の安全性の確認には特に慎重でなければならない

ルータの設定で自由に決めることができる．したがって，普段使っている SSID と同一であったとしても，必ずしも同じ SSID とは限らないということである．悪意をもった人物であれば，例えば有名なカフェが提供している SSID と同じ SSID で無線 LAN ルータを設定して動かすかもしれない．

その場合，139 ページでも述べたようにルータは通信データの復号をして，通信内容を知ることができるため，攻撃者は暗号化されていないデータを手にすることができる（図 6.8）．

図 6.8 攻撃者が設置した無線 LAN ルータに接続すると通信内容が筒抜け状態となる

もしもそのような罠に引っかかってしまったとしても，できる限り被害を最小に抑えるためには，通信内容自体を暗号化する方法が考えられる．例えば接続先が Web サーバであれば，平文での通信を行う HTTP 通信ではなく，暗号化通信を行う HTTPS 通信をしておけば，攻撃者が手に入れるデータは HTTPS により暗号化されたデータということになり，簡単に通信内容を把握

142   第 6 章　日常生活における情報セキュリティ

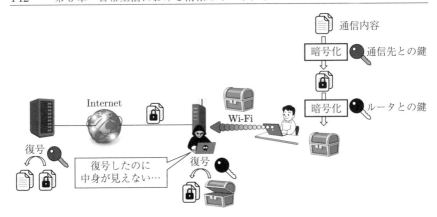

図 6.9　通信内容自体が暗号化されていれば攻撃者に盗まれてもすぐには解読されない

されることはなくなる（図 6.9）.

　また，VPN（Virtual Private Network）といって，VPN サーバが設置された場所まですべての通信データを暗号化する方法もある．この場合，VPN サーバの先も暗号化されるかどうかは接続先によるという点に注意が必要である（図 6.10）.

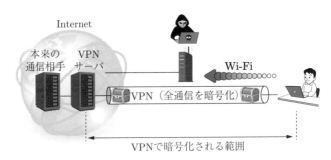

図 6.10　VPN 接続を用いることもセキュリティ的には良い

(c)　攻撃者による接続先コントロール

無線 LAN ルータへ接続したとき，一般的には次のものが与えられる．

- IP アドレス
- デフォルトゲートウェイの IP アドレス
- DNS サーバの IP アドレス

6.2 公衆無線 LAN　　143

IP アドレスは通信を行う上で必要なものである．送信元にしても送信先にしても，インターネットを利用する上では必ず IP アドレスで指定することになっている．これについては，悪意のあるルータであっても悪意のないルータであっても何か小細工をされることはほぼない（もちろん可能性はゼロではない）．基本的にはプライベート IP アドレスと呼ばれる，インターネットには直接つなぐことはできない IP アドレスを割り振られる．ルータもプライベート IP アドレスを持っており，互いに通信が可能である．ただし，プライベート IP アドレスは，ルータが構築する閉じられたネットワーク内だけで使用可能な IP アドレスであり，そのネットワーク内では重複した IP アドレスが存在せず，端末の区別をすることができることが保証されている．

しかし，インターネットに接続できるのはグローバル IP アドレスと呼ばれる，インターネット内に重複した IP アドレスが存在しないことを保証された IP アドレスを持つ端末のみである．実は，インターネットと通信を行うために使用するルータは，接続してきた端末と通信するためのプライベート IP アドレスの他に，インターネットへ接続するためのグローバル IP アドレスも所持していることが多い．したがって，図 6.11 に示すように，プライベート IP アドレスしか持たない端末は，接続先のルータにいったん通信内容を渡して，さらにルータがインターネットへデータを転送するような構成になっている．なお，もしも端末が接続したルータがグローバル IP アドレスを持っていない場合は，さらにその先のグローバル IP アドレスをもった端末を経由する．

デフォルトゲートウェイとは，インターネット（実際はインターネットに限らず外部のネットワーク）を利用するときに，まずどこに通信データを届けるか，という情報である．例えば，Google の Web サイトにブラウザからアクセスをした場合，Google の Web サイトのデータを管理している Web サーバに対して「Web ページのデータを下さい」というメッセージを渡さなければならない．しかし，アクセスしている端末から直接その Web サーバに届けることはもちろん不可能であるし，どこにあるのかも把握していない．そこで，インターネット上で相互に接続されたあらゆる機器をたどって到達するしかない．そのとき，まずはどこからたどっていくのかという第 1 中継点をデフォルトゲートウェイと呼ぶ．ルータに接続している場合は，上で説明したように通信内容をいったんルータに渡すため，デフォルトゲートウェイは接続先のルータ

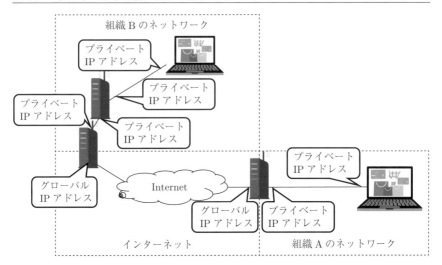

図 6.11 インターネットに接続する部分はグローバル IP アドレスを持っていなければならないが，それ以外はプライベート IP アドレスでも構わない

である．

そして 64 ページでも紹介した DNS サーバの IP アドレスがもらえる．

話が長くなってしまったが，無線 LAN ルータに接続したときには，名前解決をどのサーバに依頼するのかという DNS サーバの IP アドレスが与えられる．これは当然無線 LAN ルータに限ったことではなく，自宅や大学等でインターネットに接続するときには，必ずどこかの DNS サーバを利用していることになる．

公衆無線 LAN サービスを利用する上で，意外と脅威なのがこの DNS サーバである．つまり，攻撃者が用意した無線 LAN ルータに接続すると，DNS サーバとして攻撃者が用意した DNS サーバを使うように仕向けられるとする．通常であれば，接続したユーザがブラウザで www.google.com にアクセスすると，本物の DNS サーバが例えば IP アドレス a.b.c.d に変換をして，実際に a.b.c.d の IP アドレスをもつ Web サーバに「Web ページのデータを下さい」と要求し，ページデータを入手できるのである．これが，攻撃者の用意した DNS サーバを使わせられると，www.google.com の名前変換の結果，別の Web サーバの IP アドレス s.t.u.v に変換され，偽の Web サーバから Web

ページのデータが返ってくる．もしも，この偽の Web サイトが，本物の Web サイトとそっくりにつくられていれば，ユーザは www.google.com にアクセスしており，URL は決して誤っていないため，偽の Web サイトであることに気が付かないのである．これは，64 ページで紹介した DNS キャッシュポイズニングと同じ現象であり，しかも攻撃の難易度は劇的に下げることができる．

ユーザは偽の Web サイトに対して，何ができるのかというと，基本的に何もできない．ただし，HTTPS 通信をしていれば，すなわち https から始まる URL へのアクセスであれば，ディジタル証明書の不一致から偽の Web サイトへアクセスしていることに気づく（ユーザというよりは，使用しているブラウザが気づく）可能性がある．また，偽 DNS を使わないという観点からは，パブリック DNS サーバを用いる方法も有効である．パブリック DNS サーバとは，Google 等が運営している DNS サーバで誰でも使用することができる．これを手動で設定すれば，無線 LAN ルータが配布する DNS サーバを使わずに通信することも可能である（図 6.12）．ただし，パブリック DNS サーバが攻撃対象となることもあるため，完全に信頼できる存在というわけではないことに注意してほしい．

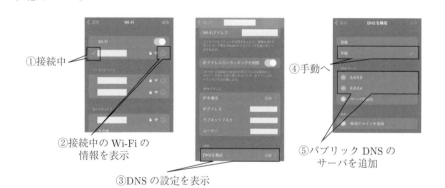

図 6.12 パブリック DNS サーバを利用することで攻撃者の DNS サーバを使うリスクを排除することもできる

6.3 まとめ

第6章では，情報の発信時，受信時に気をつけることや，さらに公衆無線LANを利用する上で気をつけなければならないことを扱った．どちらも，情報リテラシー等の講義で，よく言われる内容であるが，それでも大小問わず問題が発生し続けているのは事実であり，一人ひとりがしっかりと正しい知識を身につけた上で利用しなければならない．

情報インシデント

さまざまな脅威がある中，気をつけていても情報インシデントが発生する可能性をゼロにはできない．いざというときのために，対応方法についてしっかりと考えておくことも必要である．第7章では，情報インシデントが発生した場合に，まずはどのような対応をすれば良いのかを学ぶ．

7.1 情報インシデントの例

これまで学んだ脅威に対して，実際に被害にあった場合，どのような対応ができるのであろうか．例えば企業の場合は，ランサムウェアによる被害が増えてきており，次のような企業が被害にあったことを公開している[47]．

  2022 年 2 月 小島プレス工業株式会社
  2022 年 3 月 森永製菓株式会社
  2022 年 4 月 京成建設株式会社
  2023 年 8 月 コクヨ株式会社
  2023 年 11 月 ヤマハ株式会社
  2024 年 6 月 株式会社 KADOKAWA

7.1.1 項と 7.1.2 項では，上の中から 2022 年 2 月の事例を 1 件，および医療機関の事例を 1 件について，概要を紹介する．

7.1.1 自動車業界の事例

2022 年 2 月，大手自動車メーカーのサプライヤー（内外装部品生産会社）がランサムウェアの被害にあった．時系列は次のようなものであった[48][49]．

2月26日 21時ころに障害発生を検知

2月27日 未明に被害拡大予防のためネットワーク遮断

2月28日 メーカーが全工場の操業停止を判断

3月 1日 メーカーが全工場の操業を停止

3月 2日 メーカーが全工場の操業を再開

この事例では，被害にあったサプライヤーのさらに子会社が特定外部企業との専用通信に利用していたリモート接続機器が侵入元であった[50]．このサプライヤーはランサムウェアの被害に気がついたあと，早めにネットワークの遮断を決断し，さらなる被害の拡大を食い止めることができている．しかし，もしもネットワークを接続したままであれば，さらに親会社へ攻撃が進んでいた可能性も十分にあった．

このように，子会社や部品供給会社などつながりのを利用して，どんどん攻撃を進めていくことを，サプライチェーン攻撃と呼ぶ．大企業ほど資金力もあるためセキュリティ維持のためにしっかりと設定している可能性が高く，中小企業ほどセキュリティにまで意識も資金もまわっていないことが多々ある．しかし，関係企業であれば，内部で通信を行う仕組みがあったり，セキュリティをゆるくしている可能性がある．そこで，取引先等の小さい企業を先に狙って侵入し，そこから大手企業へ向かって攻撃を進めるようなことがよくある．

7.1.2 医療機関の事例 [51]

2022年10月末，医療機関においてシステム障害が発生し，それがランサムウェアによるものであることがわかった．時系列は次のようなものであった．

10月31日 早朝に基幹システムの障害が発生し診療停止を発表

11月 4日 予定していた手術を再開

11月 9日 オフラインバックアップデータへの参照可能化

12月12日 基幹システムの再稼働（初期化）

1月11日 通常診療の再開

この事例では，医療機関が契約している給食委託事業者のデータセンターがメンテナンス用に設置していたリモート接続機器が不正侵入元であり，自動車関連会社の事例と同じくサプライチェーン攻撃であった．この医療機関としては，給食委託事業者経由での侵入を許してしまったこと，および医療機関内で

の感染が拡大してしまったことが，今回のインシデントの主な原因であるという結果であった．そこで，侵入を許さないための再発防止策として，外部からの侵入が考えられる経路の洗い出し，最新のパッチ対応，不要なプロトコルの排除，常時接続から接続申請制への変更等を行っている．また，侵入後の被害拡大防止策として，アカウントの共有禁止，パスワードポリシーの更新などを行っている．

大手の（という言葉は不適切かもしれないが）攻撃者には，医療機関やライフラインなどを攻撃しない，という暗黙のルールがあると言われているが，実際には今回のように医療機関が狙われることもある．この医療機関以外にも，日本国内国外問わず，医療機関が狙われた事例があり，実際に患者が命を落とした事例もある．

7.2　情報インシデント発生時の対応

実際に情報インシデントが発生したときは，どのように行動するのが良いのであろうか．

7.2.1　マルウェア感染時の対応

パソコンを使用しているときに，誤ってマルウェアを起動してしまったり，知らないうちにマルウェアが動いていたりしたとき，基本的には次のことに気をつける．

- パソコンの電源は入れたまま
- ネットワークを切断する
- しかるべき機関や部署に相談・報告

（a）　パソコンの電源は入れたまま

まず，パソコンの電源を切ってはならない．通常，マルウェアを含むプログラムはストレージに保存されており，実行されるタイミングでメモリへ読み込まれる．そして，CPU がメモリ内の情報を読み取りながら処理を進めていく．したがって，マルウェアが動いたということは，メモリ内にマルウェアの痕跡が残っている可能性が高い．しかし，メモリは揮発性（電源を切ると情報を失う性質）を持つため，パソコンの電源を切ってしまうとマルウェアの痕跡が消えてしまう．そうなれば，どのような攻撃を行うマルウェアなのか，実際にど

のようなことを行った可能性があるか，など重要な情報を得る機会を失ってしまう．

また，再起動したタイミングで OS のシステムファイルへ感染する可能性もある．さらには，OS が起動する前の UEFI と呼ばれるシステム（通常パソコンの電源を入れてメーカーのロゴが出ているときに起動するシステム）へ感染をして，被害が大きくなる可能性もある．

このようなことから，マルウェアが起動したことがわかった時点で，電源を切らずに，そのままにしておかなければならない．ちなみに，むやみにパソコンを操作することもおすすめしない．メモリは有限であるから，つかわなくなった部分はどんどん新しい情報で上書きされていく．したがって，もしもマルウェアが何かを行って終了していた場合，ユーザが別の操作をすることで，マルウェアの行動の痕跡を上書きしてしまうかもしれないからである．「何もしない」ということが重要なのである．

(b) ネットワークを切断する

また，ネットワークに接続したままでは，マルウェアの被害を拡大する可能性がある．感染が疑われた瞬間に，ネットワークは接続したほうが感染拡大を抑えることができる．切断するときは，有線接続であれば LAN ケーブルをパソコンから抜き，無線接続であれば無線をオフにする．

ただし，ネットワークの状態を変更すると，メモリ内のデータの書き換えが発生するかもしれないため，注意が必要である．ネットワークを切るべきか，切らないべきかということは，所属先の担当部署等に確認をしたほうが良い．

(c) しかるべき機関や部署に相談・報告

最後に，しかるべき機関や部署に相談・報告である．所属先によって名称は変わるが，IT 部門を扱う部署へ報告や相談を早急に行う．

ちなみに，企業によっては情報セキュリティ委員会という組織があったり，CSIRT（Computer Security Incident Response Team）という組織があったり，SOC（Security Operation Center）という組織があったりする．情報セキュリティ委員会は組織における情報セキュリティマネジメントの最高意思決定機関である．CSIRT は，セキュリティインシデントに対応する組織の名称，SOC は組織のセキュリティ監視を行う拠点につけられる．

7.2.2 情報漏洩

故意，過失のどちらにしても，情報を漏洩させてしまうと情報インシデントと認定される可能性が高い．例えば，顧客名簿を保存した USB メモリを紛失する，などは明らかに情報インシデントであるが，メールの送信先を誤ってしまう，ということでもメールの内容次第では情報インシデントの可能性がある．

例えば，取引先とのミーティングの日時や場所の確認をするためにメールを送ろうとして，誤って取引先の競合他社の社員へ送ってしまうなどである．

メールの誤送信の場合は，上司等へ報告を行い，初動対応をし，原因等の調査を行い，必要に応じて報告・公表を行う流れを取る．初動対応とは，誤送信した相手にメールの破棄を依頼したり，本来の送信先の相手に謝罪したりといったものである．

情報漏洩等は特に会社の信用を著しく下げてしまう行為であるため，決してそのようなことがないように気をつけなければならない．

7.3　まとめ

企業にしても，個人にしても，情報インシデントはいつ発生するのかわからない．情報インシデントが発生した場合は，誤った行動をしたことが原因となって被害がさらに拡大することも考えられる．普段から情報セキュリティに気をつけている人が，多忙な業務で疲れて気が緩んでしまった瞬間に，たったワンクリックで情報インシデントを引き起こしてしまう可能性もある．いざというときに，焦らず行動するためにも，普段から情報インシデント発生時の行動については考えておかなければならない．

8

AI に関する演習

本書で学んだ事柄について，実際に演習を行うと，さらに理解を深めることができる．ここでは，いくつかの AI に関する演習を紹介する．AI を実際に試すには，例えば次の方法が考えられる．

1. 一からプログラムを作成する
2. 主要部分は他人のプログラムを流用し，残りを自分で作成
3. ノーコードプログラミングにより，プログラムを作成する
4. 提供されている AI サービスを利用する

そこで，8.1 節では，3 に関する演習，8.2 節では，4 に関する演習を，それぞれ取り上げる．

8.1 教師あり学習

ここでは，ノーコードプログラミングによる教師あり学習の演習ツールとして，Sony の Neural Network Console[52]（NNC）を用いる．NNC は無料プランと有料プランがあり，クラウド上で AI モデルの学習や推論を行う場合は有料プランを利用する必要があるが，自分のパソコン上でそれらを行う場合は無料プランでの利用も可能である．

8.1.1 ダウンロードと初期設定

まず，NNC の公式サイト（https://dl.sony.com/ja/）へアクセスする．NNC や料金プラン等の説明が書かれているページを下の方へ読み進めていくと，最下部に Products-Windows 版というメニューがあるため，クリックして

8.1 教師あり学習　153

リンクを開く

図 8.1 Products の Windows 版というリンクからソフトウェアのページへ遷移する

ページを遷移する（図 8.1）．

遷移先のページを中ほどまでスクロールすると，Windows 用インストーラのダウンロードボタンがあるため，それをクリックする（図 8.2）．

Download をクリック

図 8.2 Windows 用インストーラのページへ遷移する

現状では Windows10/Windows11 用のインストーラと Windows8 用のインストーラがあるため，自身が使用しているパソコンの OS に応じて選択する．2024 年 2 月現在の NNC Windows10/Windows11 用アプリの最新バージョンは 3.1.0 である．

遷移後に，あらためて Download ボタンが出現する（図 8.3）ため，それをクリックし，適切な場所へ保存する（図 8.4）．ファイルサイズは約 2.3 GB である．

154　第 8 章　AI に関する演習

Download をクリック

図 8.3　もう一度 Download ボタンをクリックする

保存をクリック

図 8.4　適当な場所へダウンロードする

　無事にダウンロードできたら，そのファイルを実行する．どこへインストールするか尋ねられるため，適切な場所を選択する．初期値だとダウンロードしたフォルダ名が入力されていて，そのままでも構わないが，今回は C ドライブ直下の NNC3.1.0 というフォルダを指定した（図 8.5）．なお，ここで指定したフォルダの中にさらに「neural_network_console」というフォルダが生成されてその中にファイルが作られることになる．

　インストールに時間がかかる（図 8.6）が，しばらく待っているとウィンドウが自動で閉じてインストールが終わる．ちなみに「インストール」と言っているが，実際には圧縮されたファイルを指定したフォルダへ解凍しているだけのようである．

8.1 教師あり学習　155

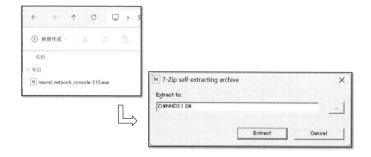

図 8.5　ダウンロードしたファイルを起動するとインストール場所を確認される

図 8.6　このウィンドウはインストールが完了すると自動で閉じられる

　インストール先のフォルダを確認してみると，確かにファイル群が生成されている（図 8.7）．インストール先フォルダの中の neural_network_console フォルダ内にある neural_network_console.exe（拡張子.exe は OS の設定によって非表示かもしれない）がプログラムの本体である．
　neural_network_console.exe を起動すると，初回起動時はログイン処理や初期設定が求められるため，図 8.8 のように，neural_network_console が起動した直後にブラウザが開き，ログインを促される．Google アカウント，またはSony アカウントによるログインが求められているため，適宜アカウントを作成したり，既存のアカウントを用意して，ログインをする．ログインが完了すると，ブラウザにログインが完了した旨が表示されるため，ブラウザを閉じる．

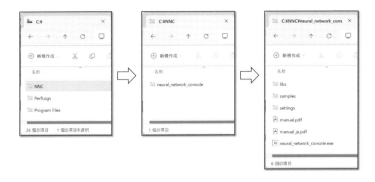

図 8.7　実行ファイルや関連フォルダ等が生成されている

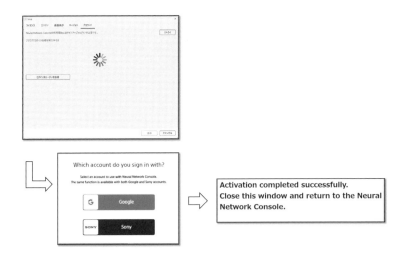

図 8.8　初回起動時は Google アカウントか Sony アカウントによるログインが求められる

　neural_network_console のウィンドウに戻ると，初期設定の画面となっている（図 8.9）．まずは，使用許諾契約書をよく読み，同意できる場合は「同意する」にチェックを入れる．その下の使用状況の自動送信については任意項目であるため，適宜チェックのオンオフを行う．まだ初期設定画面は閉じない．
　次に，画面上部の「エンジン」タブをクリックして表示する（図 8.10）．ここでは，機械学習を CPU で行うのか，GPU（グラフィックボード）で行うのかを選択できる．ただし，GPU は CUDA（Compute Unified Device Architecture）

図 8.9 初期設定（使用許諾契約書への同意）

図 8.10 初期設定（学習デバイスの選択）

と呼ばれる NVIDIA 社が開発した環境に対応したものでなくてはならず，実質的に NVIDIA 社の GPU に限定される．もしも，使用している端末に NVIDIA 社製の GPU を搭載していて，CUDA 等の環境が整っている場合は GPU を選択すれば良い．ここでは GPU の設定方法を割愛し，CPU を選択する．

ここまで設定できたら，右下の適用ボタンをクリックして設定を終える．プラグイン一覧のアップデート画面がしばらく表示されたあと，無事に起動が完了する（図 8.11）．

なお，設定画面はプログラムを起動した状態（これより，この起動直後の画面をホーム画面と呼ぶ）で，右上にある道具箱のアイコン（マウスポインタを置くと「セットアップ」と表示される）をクリックすることで，いつでも表示

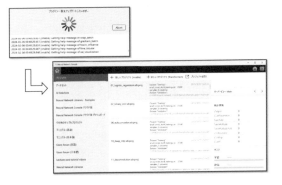

図 8.11　設定完了

することができる．

8.1.2　データセットの準備

　ここでは，犬と猫の画像を判別するモデルを作成する．まず，適当に犬と猫の画像を用意する．どのような画像でも良いが，この後，ニューラルネットワークを構築する上で入力層のサイズを固定するため，画像サイズは統一しておかなければならない．また，ここで用意する画像のサイズが大きかったり，カラーであったりすると，機械学習時にそれだけ多くのメモリを消費することにつながるため，注意が必要である．今回は，画像サイズをすべて 100×100 ピクセルのグレースケール画像として，犬と猫の画像を，学習用に 10 枚ずつ（図 8.12），学習後のモデルの精度確認用に 3 枚ずつ（図 8.13）用意して，それぞれ別フォルダに保存した（同一フォルダでも問題ない）．なお，本来はもっと多くの画像を用意した方が良いが，今回は操作方法の例示が目的であるため，少量であることに注意してほしい．

　ここでは，「`C:\NNC\neural_network_console\my\data\dogs-cats`」のフォルダを作り，その中に，学習用画像フォルダ「`train`」，検証用画像フォルダ「`validation`」を作成しているとして，話を進めていく．

　次に，この画像ファイルを NNC で読み込むため，CSV ファイルを作成[53]する．CSV は Comma Separated Value の略で，カンマで値を区切った形式のテキストファイルである．中身自体はテキストファイルであるため，Windows 標準のメモ帳で作成しても良いし，Excel 等の表計算ソフトを使用しても構わ

8.1 教師あり学習　159

図 8.12　学習用画像

図 8.13　検証用画像

ない．ここでは，Excel を使って作成していく．

　まず，Excel を起動したら空白のブックを作成する．A1 セルに x:image と入力する．同様に B1 セルに y:label と入力するこれらは，その列にどういった値が入力されているのか NNC に伝えるためのもので，コロンの左側が変数名（プログラム内で使用する名前のようなもの），右側が説明である．日本語は使用できないため注意が必要である．

　そして，A 列の 2 行目以降に学習用画像として用意した 20 枚の画像のパスを入力する．パスとは，ファイルの場所を示す文字列であり，絶対パス（ドライブ名から始まる「C:\〜」形式のもの）か，今作成している CSV ファイルの保存予定フォルダを基点にした相対パス（「.\〜」形式のもの）を指定する．どちらが良いか判断がつかない場合は次の手順に従う．

1. 用意した画像フォルダを開く
2. キーボードの SHIFT キーを押したまま画像ファイルの一つを右クリッ

クする
3. 表示されたメニューから「パスのコピー（A）」をクリックする
4. Excel の A2 セルに貼り付ける

これで，A2 セルに絶対パスが入力されたと思う．あとは，その値を A3 セル以降にコピーしてファイル名の部分を変更しても良いし，他の画像ファイルも SHIFT キーを押したまま右クリックしてそれぞれの絶対パスをコピーしてきても良い．ファイル名が連番になっているのであれば，Excel のオートフィルでも入力可能である．

すべての画像ファイルのパスが入力できたら，次は B 列に正解ラベルを入力する．正解ラベルとは，その画像をニューラルネットワークへ入力したときに出力してほしい数値のことである．ここでは，犬画像であれば 1，猫画像であれば 0 とする．A2〜A21 セルそれぞれに対して，犬画像であればその横の B2〜B21 セルに 0，猫画像であれば 0 と入力していく．最終的に図 8.14 のような状態になる．

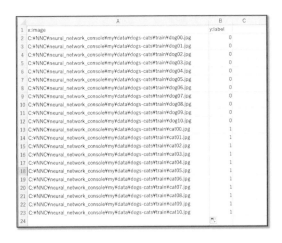

図 8.14 作成したデータセット用 CSV ファイルの内容

保存するときは，通常通り保存してしまうと CSV 形式ではなく Excel 形式になってしまうため，保存画面で，ファイルの種類を「CSV UTF-8（コンマ区切り）(*.csv)」にする必要がある（図 8.15）．ここでは，学習用画像フォルダと検証用画像フォルダが入っているフォルダに，train.csv として保存した．

8.1 教師あり学習　161

ファイルの種類は
CSV UTF-8（コンマ区切り）（*.csv）
を選択する

図 8.15 Excel で CSV ファイルを作成するときは保存時のファイルの種類に注意が必要

あとは NNC にこのデータセットを読み込ませれば良い．NNC のウィンドウを開き，ホーム画面左側のメニューから「データセット」を開く（図 8.16）．

図 8.16 NNC のデータセット管理画面

右側の画面が変わるため，上部の「データセットを開く」をクリックして，先ほど保存した CSV ファイルを探して開く（図 8.17）．

NNC の画面に戻ると，ウィンドウ中央に train.csv が表示され，それを選択した状態だとウィンドウ右側に学習用画像のデータが表示される（図 8.18）．

図 8.17　作成した CSV ファイルを開く

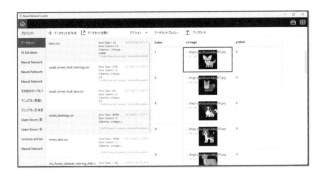

図 8.18　作成したデータセットが NNC に読み込まれた

　これで学習用のデータセットを読み込むことができた．同じ手順で，検証用画像についても CSV ファイル（validation.csv）の作成と読み込みを行う（図 8.19）．

　なお，実務で機械学習をする場合は，さらにテスト用画像も用意する．学習用データはモデルを学習するために使い，検証用データで学習したモデルを評価するが，さらに学習と検証の繰り返しによって生成されたモデルを評価するためにテスト用画像を用いる．学習用データだけで学習すると，学習用データに特化したモデルができてしまい，汎化能力，すなわち未知の画像に対する性能が落ちる可能性が高くなる．そこで，学習用データと検証用データを分ける必要がある．また，検証用データに特化する可能性もあるためテスト用データ

図 8.19 検証用データも同様に CSV ファイルを作成して NNC に読み込む

で最終判断を行う．特定のデータに特化したモデルとなることを，「過学習」と呼ぶ．ちなみに，テスト用データに対しても過学習の可能性はあるため，例えばテスト用データは毎回変える等の対策を取る場合もある．

8.1.3　プロジェクトの作成

続いて，プロジェクトを作成する．プロジェクトとは，AI モデルやデータセット等を一式集めたものであり，基本的には 1 つの問題を解決するために 1 プロジェクトを作成する（問題が大きくなったときはその限りではない）．

プロジェクトを作るには，ホーム画面の左側のメニューから「プロジェクト」を選択し，画面中央上部の「＋新しいプロジェクト（nnabla）」をクリックすると，新しいプロジェクトが作成され，画面が切り替わる（図 8.20）．

図 8.20　プロジェクトを作成した直後の画面

画面上部にあるメニューのうち，一番左の家のアイコンを押すとホーム画面に戻る．その横の「編集」が今表示されている画面で，AI モデルを編集することができる．その右の「学習」は AI モデルの学習の様子を見たり，学習済みモデルの一覧を表示したりできる．「評価」は，学習済み AI モデルをテスト用データで評価した結果を閲覧できる．さらに，右側の「データセット」は AI モデルの学習や検証，テストに用いるデータセットを設定するときに使う．「コンフィグ」は学習時の NNC の動作に関して設定を行う．

8.1.4　データセットの設定

早速，画面上部右側の「データセット」をクリックして，データセットの設定を行う．画面が切り替わり（図 8.21），左側に「Training」と「Validation」がある．

図 8.21　モデルの学習・検証に用いるデータセットを設定する

それぞれ，学習用のデータセットを設定する部分と，検証用のデータセットを設定する部分である．まず，Training が選択されていることを確認したら，画面中央上部の「URI:　（Not Set）」と書かれている部分をクリックする．画面中央に，NNC に読み込み済みのデータセットが一覧で表示されるため（図 8.22），先ほど読み込んだ学習用データセットを選択する（ここでは「train.csv」）．

データセットの選択をすると，「URI:　（Not Set）」という部分に設定したデータセット用 CSV ファイルのパスが表示される（図 8.23）．その下に，「Main」，「シャッフル」，「キャッシュを有効にする」，「Image Normalization (1.0/255.0)」というチェックマークがある．それぞれ，メインのデータセッ

8.1 教師あり学習　165

図 8.22　NNC に読み込んだデータセットを選択したり，新たに作ったりできる

図 8.23　読み込んだデータセットに対して，どのように扱うのかをチェックボックスで設定する

トであるか，データを CSV ファイルの順ではなくシャッフルして使用するか，キャッシュという機能で次回以降データを高速に読み込めるようにするか，値を 255 で除算するか，という設定ができる．

　画像の場合は Image Normalization にはチェックを入れておくと良い（すでに述べたように，各ピクセルの値は 0 から 255 の値であるから，255 で除算することで，ニューラルネットワークへの入力が 0〜1 になる）．本来は，ニューラルネットワークへ入力する前に，データの正規化という処理を行うことが多い．画像データの場合は正規化として 255 で除算する．こうすることで，ニューラルネットワーク内部での計算が安定する（大きな値に発散しにくい）という効果が見込める．

　また，csv ファイルに登録した画像の順番が学習に影響を与えることは望ましくないため，シャッフルにもチェックを入れる．Main は複数のデータセッ

トを使用する場合に，データの数を計算するために使用するデータセットを選択するが，通常は学習用データセットの Main にチェックを入れておけば問題ない．

次に，画面左側の「Validation」を選択して，読み込んでおいた検証用のデータセットを設定する（ここでは，validation.csv）．チェックマークは Image Normalization のみオンにしておく（図 8.24）．

図 8.24 検証用データセットを Validation に設定する

なお，今回はテスト用のデータセットを使用しないが，もしもテスト用のデータセットも使用する場合は，画面左側上部の「アクション」メニューから「追加」をして，名称を「Test」等にしておけば良い．

8.1.5 AI モデルの作成

次に，AI モデルの作成を行う．画面上部の「編集」をクリックする．画面左側に Input や Constant 等の文字が並んでおり，これらを並べることで AI モデルを作成する．

まずは，入力層を作成する．入力層は「Input」と書かれた部品であるため，画面左側から「Input」を探して，それを画面中央の空白部にドラッグ＆ドロップして配置する（図 8.25）．

配置すると同時に選択された状態になっており，画面左側下部にこのブロックの設定が表示される．Name が Input と書かれており，その下に Size が「1,28,28」と表示される．先頭の「1」は，1 ピクセルあたりのデータ数，すなわちグレースケール画像であれば 1，RGB のカラー画像であれば 3 である．また，「28,28」はデータ数，画像の場合は画像サイズを表している．つまり，「1,28,28」

図 8.25　入力層に相当する Input を配置したところ

はサイズが 28 × 28 のグレースケール画像を入力する，という意味になる．

今回用意したデータセットは，100 × 100 のグレースケールであるため，「1,28,28」の部分をクリックして，「1,100,100」に書き換えておく．図 8.25 は，すでに書き換えた後のスクリーンショットである．

入力層に引き続き，中間層を作る．今回は中間層として全結合層を採用することとする．全結合層は，画面左側の部品一覧の中の「Affine」である．Affine と書かれた部分を探して，入力層の次，すなわち Input ブロックの下に接するように配置する（図 8.26）．うまく配置できれば互いのブロックが結合する．

図 8.26　入力層に全結合層を結合した様子

Affine ブロックの設定（画面左側下部）を確認すると，「1,100,100」に設定しておいた Input ブロックに結合したことで，Affine ブロックの Input が自動で「1,100,100」になる．OutShape がデフォルトで「100」に設定されている．これは，入力層に対して 100 ニューロンの全結合層を接続したことになる．今回は処理時間を短くするために，10 個程度のニューロン数になるよう

に，OutShapeの「100」をクリックして，「10」に書き換える．

　これで全結合層ができた．ただし，Affineブロックは単純に前層からの入力を合計したものを出力しようとする．そこで，活性化関数としてSigmoid関数を適用した値を使用するために，画面左側の部品集から「Sigmoid」をクリックすると探してAffineブロックの下に結合する．Sigmoidブロックは，結合したAffineブロックのニューロン数が「10」であることから，自動でInputとOutputが「10」に設定される．

　さらにこのSigmoidブロックの下に全結合層（Affineブロック）を結合し，ニューロン数を「2」にする．この「2」は，犬である確率と猫である確率を算出するニューロンにする．確率を扱うときは，SigmoidやReLU等の活性化関数でも良いが，Softmax関数を用いると良い．そこで，SoftmaxブロックをAffineブロックの下に結合する．そして，最後にCategoricalCrossEntropyブロックを結合する．これは，Categoricalという名前から推測できるように，分類をするときに使用する．ここまでで図8.27のようなモデルが完成した．

図 8.27　完成したAIモデル

　いったんここまでのプロジェクトを保存しておく．保存は，画面上部右側にあるコンフィグの右隣のアイコン（かつて使用されていた「フロッピーディスク」のアイコンである）をクリックすれば良い．初回は保存場所とプロジェクト名を尋ねられるため，適宜設定する．

8.1.6　学習に関する設定

　今回は用意したデータ数が少ないため，少し追加の設定が必要である．画面上部右側の「コンフィグ」をクリックして，画面を切り替える（図8.28）．

図 8.28 今回はデータセットが少なすぎるためバッチ数を変更してひとまず動くようにする

左側メニューの「Global Config」が選択されていることを確認し，画面中央の「バッチサイズ」という欄をデフォルト値の「64」から「5」に設定する．

バッチ数とは，学習のときに何個のデータをひとまとまりとして学習させるかを設定する部分である．通常，AIモデルの学習をするときは，1個のデータを使用して重みを調整して，次の1個のデータを使用して重みを調整して，という手順ではなく，複数のデータを使って重みの調整量のバランスをとっている．その時に何個のデータを使うのかという設定である．ちなみにバッチ数ごとにデータをわけて，学習を進め，データセットすべてに対する読み込みと学習が1週することを「1 Epoch（エポック）」と呼ぶ．データセットが1000個のデータから構成されていて，バッチサイズが10であれば，1Epochの学習時点で100回の重み調整が行われていることになる．

繰り返し述べるが，今回はあくまでデータ数を少なくしているためにバッチ数を「5」にしている．通常はバッチ数として「5」は少なすぎるため，注意してほしい．

設定が終わったら，画面上部の「編集」をクリックして元のAIモデルの編集画面に戻しておく．

8.1.7 学習

作成したAIモデルとデータセットの組み合わせで，学習をさせる．学習をさせるには，画面右側上部にある「実行」ボタンをクリックする．クリックす

ると,「学習」の画面に切り替わり,エラーがなければ学習の様子がグラフで表示される(図8.29).グラフが表示されずに長時間止まっていれば,何かエラーが発生している可能性が高い.その場合は,画面中央下部の「ログ」の部分にエラーが表示されていないか確認をする.

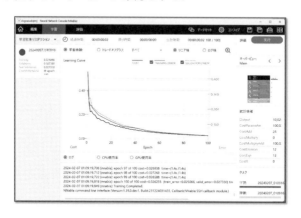

図 8.29 AI モデルの学習の様子がグラフで表示される

グラフを見ると,赤の実線と赤の点線がある.実戦は学習用データに対する誤差を表しているため,基本的に赤の実線が減少するように AI モデルは学習を進めているはずである.そして,赤の点線は検証用データセットに対する誤差である.検証用データセットは学習には使っていないため,赤の点線も減少していれば学習による汎化能力があるということを意味している.ただし,あくまで検証用データセットに対して有効であったということであり,本当に汎化能力があるかどうかは,多くのデータをバランス良く大量に集めた検証用データや,テストデータを用意しなければならないことに注意が必要である.

検証用データセットに対する AI モデルの出力を確認したい場合は,さらに,学習画面の上部右側の「実行」ボタンを押せば良い.画面が切り替わり,学習済みモデルを使用した推論結果が表示される(図8.30).なお,テスト用データセットを用意した場合は,設定をすることで,テスト用データセットに対する予測(最終の精度確認)を行うことができる.

図 8.30 上部にある「y:label」が CSV ファイルで設定した正解ラベル,「y'__0」と「y'__1」がニューラルネットワークの出力であり,「y'__0」は入力画像が「0」すなわち犬である確率,「y'__1」は入力画像が「1」すなわち猫である確率であ

Index	x:image	y:label	y'_0	y'_1
1	...validation/dog11.jpg	0	0.9703446	0.029655315
2	...validation/dog13.jpg	0	0.97037303	0.02962701
3	...validation/cat13.jpg	0	0.9711549	0.028845022
4	...validation/cat11.jpg	1	0.02217678	0.97782314
5	...validation/cat12.jpg	1	0.024554115	0.97544587
6	...validation/cat13.jpg	1	0.022092625	0.9779074

図 8.30 学習済み AI モデルの検証結果を表示した様子

る．少ないデータセットであるが，この検証用データセットに対してはある程度の精度で推測ができているようである．

　何度も言っているが，AI モデルを作るということは，おそらく未知のデータに対しての動作も考慮に入っているはずであり，汎化能力が重要となる．そのためには，AI モデルも大事ではあるが，質・量ともに適切なデータセットを準備することも重要であることを忘れてはならない．

8.2　AI を利用したサービス

　ここでは，AI を利用したサービスとして，ChatGPT[54] を例に紹介する．ChatGPT は，1.6.2 節でも紹介している通り，近年注目を集めている LLM による生成 AI サービスである．

　2024 年 7 月現在では，無料版と有料版とで，使用できるモデルの種類や，入力できる文字数等の制約がそれぞれで定められている．さらに，無料版もアカウントの有無によって制約が異なっている．したがって，ログインなしでの利用，ログインした上で無料版の利用，ログインした上で有料版の利用という順で，できることが増えていくようになっている．まずはログインなしでの利用から開始して，使えそうであればグレードアップを検討するといった流れが自然である．

8.2.1 モデル改善への協力

ブラウザで ChatGPT（https://chatgpt.com/）にアクセスすると，図 8.31 の画面が表示される．2024 年 7 月現在は ChatGPT3.5 が使用可能である．

図 8.31　新しく ChatGPT へアクセスしたときの画面

　この状態で ChatGPT を使用することはできるが，あらかじめ設定しておきたい項目がある．それは，ChatGPT とやり取りした内容を，モデル改善に役立てるか否か，すなわちやり取りのデータをモデルの学習に取り込ませるかどうか，という部分である．特に問題がなければそのままで良いが，やり取りを学習に用いてほしくない場合もある．そこで，学習に用いてほしくない場合の設定を紹介する．画面左上の二本線メニューを開き，「設定その他」を開き，「設定」を選択する（図 8.32）．ただし，ウィンドウの幅が広い場合は二本線メニューが表示されないため，ウィンドウ右下の「？」を開き，「設定」を選択する．2024 年 7 月現在，ログインしていない状態だと一つしか設定が表示されない．「すべての人のためにモデルを改善する」が ON になっているため，クリックして OFF にする（図 8.33）．これで，設定が完了するため，設定画面は閉じても構わない．注意点としては，ログインをしていないため，基本的に毎回この設定を見直さなければならない．

8.2 AIを利用したサービス　173

図 8.32　ChatGPT の設定を開く

図 8.33　コンテンツを学習に利用してほしくないときはオフにする

8.2.2　ChatGPT の利用

　早速，ChatGPT を利用してみる．画面下部に「ChatGPT にメッセージを送信する」という表示がある．ここが，こちらからの質問内容を記述する部分（プロンプト入力欄）である．

まずは，会話ができるか確かめるために挨拶をしてみる．プロンプト入力欄に，「こんにちは」と入力して，ENTER キーを押すか，プロンプト入力欄右側の「↑」ボタンをクリックする．プロンプト入力欄の上に，今送信した「こんにちは」が表示されて，それに対する ChatGPT の回答が表示されることが確認できる（図 8.34）．

図 8.34 挨拶を返してくれる ChatGPT

発言に対して回答を返すことは確認できたため，次は知識を問う質問をしてみる．プロンプト入力欄に，「情報リテラシーとはどういう意味ですか」と書いて送信する．すると，ChatGPT からの回答は，図 8.35 に示すように，「情報を効果的に探索し，評価し，使用する能力のことです．」と回答している．また，それに続けて，関連するスキルや能力についても回答がある．

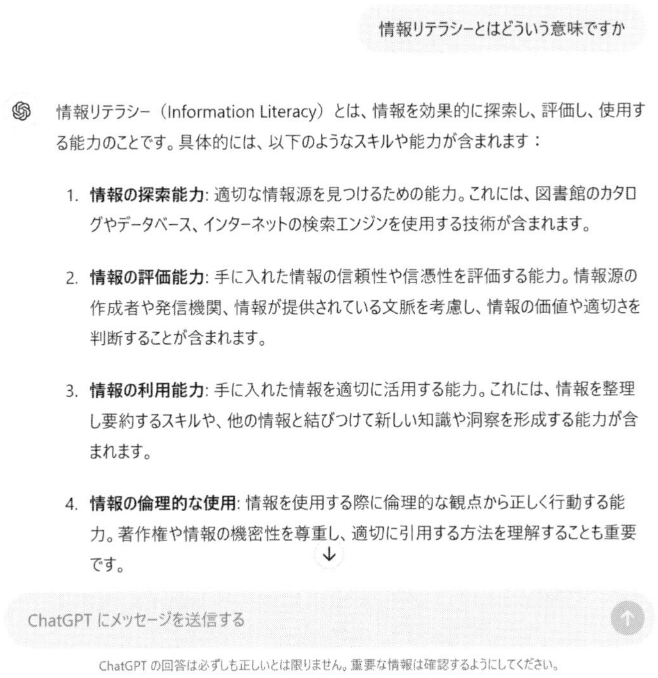

8.2 AI を利用したサービス　　*175*

情報リテラシーとはどういう意味ですか

情報リテラシー（Information Literacy）とは、情報を効果的に探索し、評価し、使用する能力のことです。具体的には、以下のようなスキルや能力が含まれます：

1. **情報の探索能力**: 適切な情報源を見つけるための能力。これには、図書館のカタログやデータベース、インターネットの検索エンジンを使用する技術が含まれます。

2. **情報の評価能力**: 手に入れた情報の信頼性や信憑性を評価する能力。情報源の作成者や発信機関、情報が提供されている文脈を考慮し、情報の価値や適切さを判断することが含まれます。

3. **情報の利用能力**: 手に入れた情報を適切に活用する能力。これには、情報を整理し要約するスキルや、他の情報と結びつけて新しい知識や洞察を形成する能力が含まれます。

4. **情報の倫理的な使用**: 情報を使用する際に倫理的な観点から正しく行動する能力。著作権や情報の機密性を尊重し、適切に引用する方法を理解することも重要です。

↓

ChatGPT にメッセージを送信する

ChatGPT の回答は必ずしも正しいとは限りません。重要な情報は確認するようにしてください。

図 8.35 知識を問うと教えてくれる

このように，質問をすると，それに対する回答を生成して表示する．ただし，内容が必ず正しいとは限らないため注意する必要がある．

知識を問う質問に回答することがわかった．最後に，アイディア出しの質問をしてみる．ChatGPT に対するプロンプト作成の手法として，ChatGPT に何かしらの役目を割り当てて回答させるというものがある．例えば，次のようにプロンプト入力欄に入力する．「あなたは新しく立ち上げられたベンチャー企業で，お弁当の新商品開発を行うための部署に所属している新入社員です．今回，新商品のお弁当のアイディアを作ることになりました．まずは5つの新商品のアイディアを出してください．」

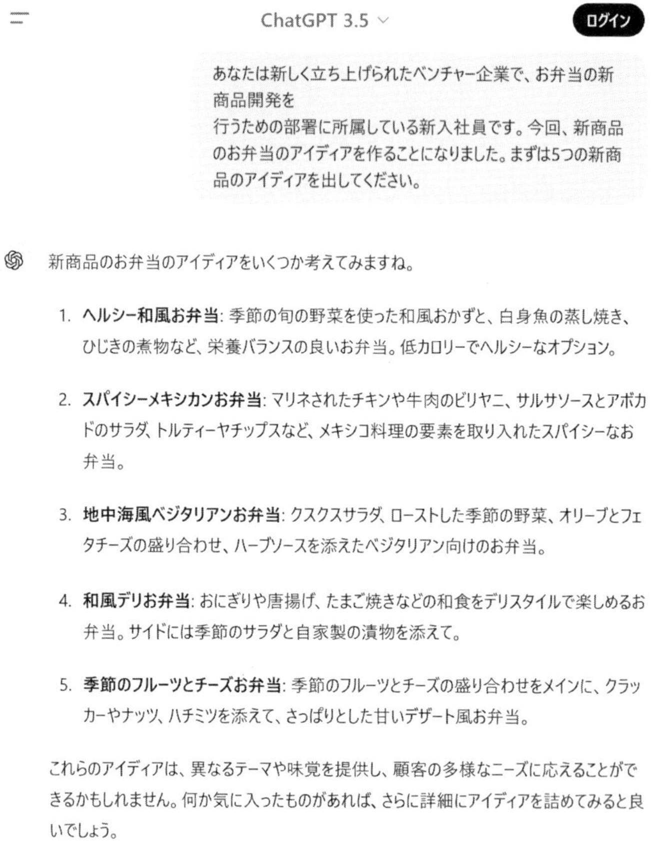

176　第 8 章　AI に関する演習

=　　　　　　　　　　　ChatGPT 3.5 ∨　　　　　　　　　ログイン

> あなたは新しく立ち上げられたベンチャー企業で、お弁当の新
> 商品開発を
> 行うための部署に所属している新入社員です。今回、新商品
> のお弁当のアイディアを作ることになりました。まずは5つの新商
> 品のアイディアを出してください。

　　新商品のお弁当のアイディアをいくつか考えてみますね。

1. **ヘルシー和風お弁当**: 季節の旬の野菜を使った和風おかずと、白身魚の蒸し焼き、
   ひじきの煮物など、栄養バランスの良いお弁当。低カロリーでヘルシーなオプション。

2. **スパイシーメキシカンお弁当**: マリネされたチキンや牛肉のビリヤニ、サルサソースとアボカ
   ドのサラダ、トルティーヤチップスなど、メキシコ料理の要素を取り入れたスパイシーなお
   弁当。

3. **地中海風ベジタリアンお弁当**: クスクスサラダ、ローストした季節の野菜、オリーブとフェ
   タチーズの盛り合わせ、ハーブソースを添えたベジタリアン向けのお弁当。

4. **和風デリお弁当**: おにぎりや唐揚げ、たまご焼きなどの和食をデリスタイルで楽しめるお
   弁当。サイドには季節のサラダと自家製の漬物を添えて。

5. **季節のフルーツとチーズお弁当**: 季節のフルーツとチーズの盛り合わせをメインに、クラッ
   カーやナッツ、ハチミツを添えて、さっぱりとした甘いデザート風お弁当。

　これらのアイディアは、異なるテーマや味覚を提供し、顧客の多様なニーズに応えることがで
きるかもしれません。何か気に入ったものがあれば、さらに詳細にアイディアを詰めてみると良
いでしょう。

図 8.36　アイディア出しも可能

　このように，新しい商品や企画のアイディアを出すことも可能である．さら
に，出されたアイディアに対して，追加の質問も可能であり，例えば，「上の 5
つのアイディアは良いと思いますが，定価を 500 円に抑えると，ボリューム的
には大丈夫でしょうか」と尋ねると，それに対しても回答してくれる（図 8.37）．
　ちなみに，プロンプト内で改行するには，SHIFT キーを押しながら ENTER
キーを押せば良い．実際，改行や記号をうまく使って整理したプロンプトを入
力することで，良い回答が得られやすくなることもある．今後も，生成 AI が
進化し続けることで，業務に活用されていくとしたら，このようなプロンプト
を上手に作ることができる人材が重宝されるようになる可能性もある．そのよ

8.2 AI を利用したサービス　177

ChatGPT 3.5 ∨

ログイン

> 上の5つのアイディアは良いと思いますが、定価を500円に抑えると、ボリューム的には大丈夫でしょうか

500円という価格帯でお弁当を提供する場合、ボリューム感や内容のバランスが非常に重要になります。以下はそれぞれのアイディアに対する考察です：

1. **ヘルシー和風お弁当**: 野菜を中心に据えたお弁当なので、コストを抑えつつも、野菜の選び方や調理法で満足感を提供することが可能です。白身魚などのプロテイン源も取り入れることで、ボリューム感を高めることができます。

2. **スパイシーメキシカンお弁当**: チキンや牛肉、豆類を使用することで、リーズナブルな価格で十分なボリュームを確保できます。また、トルティーヤチップスやサルサソースは小さな量で充分な満足感を得られるため、コストを抑えつつ味わい深いお弁当になります。

3. **地中海風ベジタリアンお弁当**: 野菜とチーズ、クスクスなどの組み合わせは、500円の価格設定に合わせて十分なボリューム感を持たせることができます。ハーブやオリーブオイルを使った風味豊かな料理で満足感を提供します。

4. **和風デリお弁当**: 和食のおかずは小分けにすることで、バランスよくお弁当に盛り付けることができます。おにぎりや唐揚げは小さめにして、たまご焼きやサラダなどでボリューム感を補完します。

5. **季節のフルーツとチーズお弁当**: フルーツやチーズは小分けで提供し、クラッカーやナッツなどを少量添えることで、軽食としてのボリューム感を保ちつつ、満足感を高めることができます。

これらのアイディアは、調理方法や使用する材料を工夫することで、500円の価格帯に合わせたボリューム感を確保することができると考えられます。原材料の選定や調理方法の最適化を通じて、コストパフォーマンスを最大化することが重要です。

図 8.37　回答に対する追加の質問も可能である

うな技術・過程を，プロンプトエンジニアリングと呼ぶ．現状の性能であっても，使い方によっては非常に便利なツールであることに間違いはないため，ぜひ，プロンプトエンジニアリングのスキルを身につけてほしい．

参考文献

[1] A.L. Association, "Acrl standards: Information literacy compentency standards for higher education," College & Research Libraries News, vol.61, no.3, pp.207–215, 2000. https://crln.acrl.org/index.php/crlnews/article/view/19242

[2] 内閣府, "統合イノベーション戦略 2019," https://www8.cao.go.jp/cstp/togo2019_honbun.pdf, 2019. （2023 年 12 月 13 日閲覧）.

[3] 文部科学省, "数理・データサイエンス・ai 教育プログラム認定制度," https://www.mext.go.jp/a_menu/koutou/suuri_datascience_ai/00001.htm. （2023 年 12 月 13 日閲覧）.

[4] 数理・データサイエンス・AI 教育強化拠点コンソーシアム, "モデルカリキュラム," http://www.mi.u-tokyo.ac.jp/consortium/model_literacy.html. （2023 年 12 月 13 日閲覧）.

[5] 浅川伸一, 江間有沙, 工藤郁子, 巣籠悠輔, 瀬谷啓介, 松井孝之, 松尾豊, 深層学習教科書 ディープラーニング G 検定 (ジェネラリスト) 公式テキスト, 翔泳社, 2018.

[6] 総務省, "令和元年版情報通信白書," https://www.soumu.go.jp/johotsusintokei/whitepaper/ja/r01/pdf/index.html, 2019. （2023 年 12 月 13 日閲覧）.

[7] Q.V. Le, "Building high-level features using large scale unsupervised learning," 2013 IEEE international conference on acoustics, speech and signal processingIEEE, pp.8595–8598 2013.

[8] 井幕知伸, 堀越哲美, "日本における夏季の不快指数の経年変化と分布に関する研究," 人間と生活環境, vol.18, no.2, pp.67–82, 2011.

[9] taku910, "mecab," https://github.com/taku910/mecab. （2023 年 12 月 13 日閲覧）.

[10] Wikipedia, "Mecab," https://ja.wikipedia.org/wiki/MeCab. （2023 年 12 月 13 日閲覧）.

[11] T. OGISO and T. TSUTSUMI, "Web 茶まめ," https://chamame.ninjal.ac.jp/. （2023 年 12 月 13 日閲覧）.

[12] T. Mikolov, K. Chen, G. Corrado, and J. Dean, "Efficient estimation of word representations in vector space," arXiv preprint arXiv:1301.3781, 2013.

[13] 岐阜新聞 Web, "自動運転バス、岐阜市中心部 11 月運行 ＪＲ岐阜駅発着、5 年間 2 路線で運賃無料予約制," https://www.gifu-np.co.jp/articles/-/293898. （2023 年 12 月 13 日閲覧）.

[14] 朝日新聞デジタル, "自動運転バスの接触事故、原因が判明 福岡市での実証実験," https://www.asahi.com/articles/ASRD877PMRD8TIPE00C.html. （2023 年 12 月 13 日閲覧）.

8.2 AI を利用したサービス　179

[15] 日経電子版，“将棋 ai 受賞に複雑な思いも「エルモ囲い」が升田賞，” `https://www.nikk
ei.com/article/DGXMZO57531910R00C20A4BC8000/`. （2023 年 12 月 13 日閲覧）.

[16] 日経ビジネス電子版，“将棋 ai とは？藤井七冠も活用する技術の進化と応用可能性を探る，”
`https://business.nikkei.com/atcl/gen/19/00081/072600586/`. （2023 年 12 月
13 日閲覧）.

[17] AVITA 株式会社，“Avacom,” `https://avita.co.jp/avacom`.

[18] 嶋是一，“気になるこの用語，”国民生活 2023 年 5 月号，pp.28–29, 独立行政法人国民生
活センター，2023.

[19] 五十嵐潤，“大型計算機と脳計測の技術動向から予測する哺乳類全脳シミュレーションの将
来，”日本神経回路学会誌，vol.28, no.4, pp.172–182, 2021.

[20] M. Karhade, “Gpt-4: 8 models in one; the secret is out,” `https://pub.towardsa
i.net/gpt-4-8-models-in-one-the-secret-is-out-e3d16fd1eee0`. （2023 年 12
月 13 日閲覧）.

[21] 第 1 回 AI 戦略会議，“Ai を巡る主な論点，” `https://www8.cao.go.jp/cstp/ai/ai_s
enryaku/1kai/shiryo2.pdf`. 2023. （2023 年 12 月 13 日閲覧）.

[22] WIRED, “Openai's ceo says the age of giant ai models is already over,” `https:
//www.wired.com/story/openai-ceo-sam-altman-the-age-of-giant-ai-mode
ls-is-already-over/`. （2024 年 1 月 29 日閲覧）.

[23] M. Kosinski, “Theory of mind might have spontaneously emerged in large language
models,” 2023.

[24] L. Chen, M. Zaharia, and J. Zou, “How is chatgpt's behavior changing over time?,”
2023.

[25] 野村総合研究所，“アンケート調査にみる「生成 ai」のビジネス利用の実態と意向，”
`https://www.nri.com/jp/knowledge/report/lst/2023/cc/0613_1`, 2023. （2023
年 12 月 13 日閲覧）.

[26] 文化庁，“令和 5 年度 著作権セミナー ai と著作権，” `https://www.bunka.go.jp/seisak
u/chosakuken/pdf/93903601_01.pdf`. （2023 年 12 月 13 日閲覧）.

[27] 文化庁，“Ai と著作権に関する考え方について（素案），” `https://www.bunka.go.jp/
seisaku/bunkashingikai/chosakuken/hoseido/r05_06/pdf/93988501_01.pdf`.
（2024 年 1 月 16 日閲覧）.

[28] ITmedia エンタープライズ，“おむつとビール（おむつとびーる）），” `https://www.itme
dia.co.jp/im/articles/0504/18/news086.html`. （2024 年 1 月 16 日閲覧）.

[29] 内閣府，“人間中心の ai 社会原則，” `https://www8.cao.go.jp/cstp/aigensoku.pdf`.
（2023 年 12 月 13 日閲覧）.

[30] 国立研究開発法人情報通信研究機構，サイバーセキュリティ研究所サイバーセキュリティネ
クサス，“Nicter 観測レポート 2022,” `https://csl.nict.go.jp/report/NICTER_rep
ort_2022.pdf`. （2023 年 12 月 13 日閲覧）.

[31] 独立行政法人情報処理推進機構，“情報セキュリティ 10 大脅威 2024,” `https://www.ip
a.go.jp/security/10threats/10threats2024.html`. （2024 年 1 月 29 日閲覧）.

180　第 8 章　AI に関する演習

[32]　B. Krebs, "Source code for iot botnet 'mirai' released," `https://krebsonsecurity.com/2016/10/source-code-for-iot-botnet-mirai-released/`. （2024 年 1 月 29 日閲覧）.

[33]　サイバーセキュリティ情報局, "史上最大の ddos 攻撃に使用された mirai ボットネットとは？," `https://eset-info.canon-its.jp/malware_info/special/detail/221124.html`. （2024 年 1 月 29 日閲覧）.

[34]　DoctorWeb, "Android apps containing spinok module with spyware features installed over 421,000,000 times," `https://news.drweb.com/show/?i=14705`. （2024 年 1 月 29 日閲覧）.

[35]　一般財団法人日本規格協会, "日本工業規格 jis q 27000," 2019.

[36]　NHK, "マイナカード コンビニの証明書交付 なぜ別人の書類が誤発行？," `https://www.nhk.or.jp/shutoken/newsup/20230510b.html`. （2023 年 12 月 13 日閲覧）.

[37]　K. Auguste, "La cryptographie militaire," Journal des sciences militaires, vol.5, pp.161–191, 1883.

[38]　C.E. Shannon, "Communication theory of secrecy systems," The Bell System Technical Journal, vol.28, no.4, pp.656–715, 1949.

[39]　W.Diffie and M.Hellman, "New direction in cryptography," IEEE Trans. Inform. Theory, vol.22, no.6, pp.644–654, 1976.

[40]　廣瀬勝一, "ディジタル署名," `http://fuee.u-fukui.ac.jp/~hirose/lectures/crypto_security/slides/04digital_signature.pdf`. （2023 年 12 月 13 日閲覧）.

[41]　日本銀行, "教えて！にちぎん," `https://www.boj.or.jp/about/education/oshiete/money/c27.html`. （2023 年 12 月 13 日閲覧）.

[42]　ウエルスアドバイザー株式会社, "ウエルスアドバイザー仮想通貨サイト," `https://tokens.wealthadvisor.co.jp/`. （2024 年 1 月 29 日閲覧）.

[43]　I. Eyal and E.G. Sirer, "Majority is not enough: Bitcoin mining is vulnerable," Communications of the ACM, vol.61, no.7, pp.95–102, 2018.

[44]　"Nem - blockchain explorer," `https://explorer.nemtool.com/#/`. （2024 年 1 月 29 日閲覧）.

[45]　総務省情報セキュリティ対策質, "公衆無線 lan 利用に係る調査結果（概略版）," `https://www.soumu.go.jp/main_content/000359549.pdf`. （2024 年 1 月 29 日閲覧）.

[46]　独立行政法人情報処理推進機構, "2015 年度情報セキュリティの脅威に対する意識調査-調査報告書-," `https://www.ipa.go.jp/security/anshin/ps6vr70000011hpw-att/000050002.pdf`. （2024 年 1 月 29 日閲覧）.

[47]　ACT, "製造業を狙うランサムウェア," `https://act1.co.jp/document/manufacturing_industry/`. （2024 年 1 月 29 日閲覧）.

[48]　ペンタセキュリティ公式ブログ, "トヨタ自動車のランサムウェア被害から学ぶ、企業に必要なセキュリティ対策とは," `https://www.pentasecurity.co.jp/pentapro/entry/toyota-ransomware-attack`. （2024 年 1 月 29 日閲覧）.

[49] トヨタイムズ，"【サイバー被害から1年 苦難乗り越え深めた絆】【富士山の日に現地取材 woven city の今】," https://www.youtube.com/watch?v=qS4XHV3X5Rg, 2016. (2023年12月13日閲覧).

[50] 朴尚洙，"国内自動車工場を止めたランサムウェア攻撃、サイバーリスクはビジネスリスクに," https://monoist.itmedia.co.jp/mn/articles/2301/06/news055.html. (2024年1月29日閲覧).

[51] 地方独立行政法人大阪府立病院機構大阪急性期・総合医療センター情報セキュリティインシデント調査委員会，"調査報告書," https://www.gh.opho.jp/pdf/report_v01.pdf. (2024年1月29日閲覧).

[52] SonyNetwork Communications~Inc., "Neural network console," https://dl.sony.com/ja/. （2024年1月29日閲覧）.

[53] euralNetwork~Console, "データセットの準備," https://support.dl.sony.com/docs-ja/データセットの準備/. （2024年1月29日閲覧）.

[54] OpenAI, "Chatgpt," https://chat.openai.com/auth/login. （2024年1月29日閲覧）.

索　引

英数字

1 対 1 認証 89
1 対 N 認証 90
2DES 77
3DES 77
51%攻撃 125
AES 77, 139
AND 演算 69
ASCII コード 15
Block Withholding 攻撃
　　　　　........125
BoW 法 17
BTC 119
C2 サーバ 55
CBC モード 79
ChatGPT 31
CIA 66
CTR モード 79
DDoS 攻撃 65
DES 76
DH 鍵共有 82
DNA 認証 116
DNS キャッシュポイズ
　　ニング攻撃 . 64
DNS サーバ 64, 144
DoS 攻撃 65
DRoS 攻撃 66
EAD ver.2 42
ECB モード 78
ELSI 38
FDH-RSA 105
GAN 26

GDPR 41
IEEE802.11 134
ISM バンド 135
LLM 31, 171
MAC 102
MAE 27
MeCab 16
Mirai 54
MSE 27
Neural Network
　　Console ... 152
NICTER 50
OR 演算 70
OS コマンドインジェク
　　ション攻撃 . 63
PKI 109
RAT 57
RC4 76
ReLU 関数 7
RMSE 27
ROT13 72
RSA 暗号 84
Selfish マイニング攻撃
　　　　　........126
SHA 96
Sigmoid 関数 7
SNS 132
SQL インジェクション攻
　　撃 61
SSID 136
VPN 142
WannaCry 56
WEP 137

Wi-Fi スポット 133
Word2Vec 17
WPA 137
WPA2 137
WPA3 137
XAI 39
XOR 演算 70

あ

アカウンタビリティ . 42
アクションポテンシャル
　　　　　..........6
アナグラム 72
アファーマティブ・アク
　　ション 46
アルゴリズムバイアス 45
暗号学的ハッシュ関数 95
暗号文 72
イオンチャネル 5
依拠性 36
位置情報 132
エキスパートシステム .3

か

カーネルサイズ 18
回帰問題 24
顔認証 115
過学習 163
学習 9
活性化関数 7
可用性 67
完全性 66
キーロガー 57

索引 183

機械学習 4, 20
疑似乱数 75
既知平文攻撃 87
機密性 66
キャッシュ DNS サーバ
　　　.........64
強化学習 23
教師あり学習 20
教師データ 21
教師なし学習 22
共通鍵暗号方式 74
グレースケール 11
クロスサイトスクリプ
　　　ティング ...61
形態素解析 16
決定係数 27
権威 DNS サーバ 64
原像計算困難性 96
公開鍵暗号方式 83
公開鍵認証基盤 109, 129
虹彩認証 116
公衆無線 LAN 133
勾配降下法 22
公平性 45
声認証 117
誤差逆伝播法 22
誤操作 53
古典暗号 71
コミットメント 97

さ

災害 54
サイバー攻撃 59
細胞体 5
サプライチェーン攻撃
　　　........148
シーザー暗号 72
軸索 5
辞書攻撃 59
シナプス 5

シナプス可塑性 6
指紋認証 114
樹状突起 5
シュノア署名 106
衝突計算困難性 95
情報インシデント ..147
情報セキュリティ 10 大
　　　脅威 50
情報セキュリティの 3 要
　　　素 66
情報セキュリティの 7 要
　　　素 67
静脈認証 116
署名認証 117
シンギュラリティ ...47
真正性 67
真性乱数 74
人的脅威 52
信頼性 44, 68
スタック領域 58
ストライド 18
ストリーム暗号 75
スパイウェア 55
スペクトログラム ...15
静止膜電位 5
責任追跡性 67
絶対平均誤差 27
説明可能性 38
全結合層 18
選択暗号文攻撃 87
選択平文攻撃 87
総当たり攻撃 59

た

第二原像計算困難性 .96
タグ 103
畳み込み層 18
他人受入率 113
探索パズル 123
知識ベース 3

チャレンジレスポンス方
　　　式 108
チューリングテスト ...2
直接攻撃 87
ディジタル署名 104
データバイアス 45
デフォルトゲートウェイ
　　　.........143
盗聴 53
透明性 44
ドライブバイダウンロー
　　　ド攻撃 61
トラスト 44
トランザクション ..120
トロイの木馬 56

な

ナーフ疑惑 33
なりすまし 53
ナンス 123
二重支払い攻撃 126
二段階認証 89
ニューラルネットワーク
　　　..........4
ニューロン 4
二要素認証 88
盗み見 53

は

バーナム暗号 73
バイアス 8, 45
バイオメトリクス認証
　　　.........111
ハイパーパラメータ .10
破壊行為 54
パスワードクラッキング
　　　.........59
パスワード認証 107
パスワードリスト攻撃 60
破損 52

索引

バックドア 58
ハッシュ関数 90
ハッシュ値 90
ハッシュチェーン 99
ハッシュレート 125
バッファオーバーフロー
.........58
パブリック DNS サーバ
.........64
パブリック Wi-Fi ..133
半教師あり学習 22
ヒープ領域 58
ビジネスメール詐欺 .53
ビットコイン 119
ビットコインネットワー
ク 120
否認防止 68
平文 72
プーリング層 18
不活性状態 6
復号 72
副次情報 118
物理的脅威 53
不同意収集 117

フリースポット 133
ブルートフォース攻撃 59
ブロック暗号 76
ブロックチェーン
....120, 121
プロンプトエンジニア 35
紛失 52
分類木 39
分類問題 24
平均二乗誤差 27
平均平方二乗誤差 27
妨害行為 54
報酬 23
ボットネット 54
本人拒否率 113
本人特定 117

ま

マークルツリー 101
マイナー 123
膜電位 5
マクロウイルス 57
マルウェア 54
水飲み場型攻撃 61

メッセージ認証コード
.........102
網膜認証 117

や

ユーザ認証 106

ら

ランサムウェア .56, 147
リカレントニューラル
ネットワーク 19
リターンアドレス 59
リバースブルートフォー
ス攻撃 60
類似性 36
ルートキット 58
ルールベース 3, 39
漏洩 52

わ

ワーム 56
ワンタイムパスワード方
式 100, 109

著者紹介

福田　龍樹（ふくだ　たつき）

1985 年長崎県生まれ.
小学生でプログラミングと出会い，中学生〜高校生でプログラミング講座のメールマガジン発行やパソコンの組み立て代行をしながら過ごす.
博士号取得後は，熊本工業専門学校教官（2012–2016），北九州工業高等専門学校助教（2016–2018），同講師（2018–2021），同准教授（2021–2023）を経て，2023 年 4 月に下関市立大学講師に着任. 2024 年 4 月からは同大学に新設されたデータサイエンス学部データサイエンス学科に所属. 近年は主にアルゴリズムの改善によるシステムの高速化を目的とした研究を行っている.

リテラシーとしての AI・情報セキュリティ

2024 年 8 月 30 日　　第 1 版　第 1 刷　印刷
2024 年 9 月 10 日　　第 1 版　第 1 刷　発行

著　者　　福　田　龍　樹

発 行 者　　発　田　和　子

発 行 所　　株式会社　学術図書出版社

〒113–0033　　東京都文京区本郷 5 丁目 4 の 6
TEL 03–3811–0889　　振替 00110–4–28454
印刷　三美印刷（株）

定価は表紙に表示してあります.

本書の一部または全部を無断で複写（コピー）・複製・転載することは，著作権法でみとめられた場合を除き，著作者および出版社の権利の侵害となります. あらかじめ，小社に許諾を求めて下さい.

© FUKUDA T.　2024
Printed in Japan
ISBN978–4–7806–1284–4　　C3004